Thierry Delperdange

Je suis un flexi-terrestre

Image publique
ÉDITIONS

Table des matières

Invitation à s'autoriser	p. 9
1. Allons-y gaiement	p. 11
2. Partager le plaisir	p. 17
3. Capable du meilleur	p. 25
4. Chacun sa route, chacun son chemin	p. 31
5. Là haut de ma montagne	p. 37
6. Projeter ma réalité sur l'autre	p. 49
7. Prendre rendez-vous avec soi-même	p. 53
8. Où il est question de vivre ses valeurs	p. 59
9. La non violence est d'abord une question de relation à soi	p. 67
10. Les valeurs, les besoins, les motivations	p. 75
11. Les valeurs, le sens de nos attitudes	p. 83
12. Les valeurs qui nous structurent	p. 87
13. Des curseurs à ajuster	p. 93
14. Des moteurs qui nous apportent du plaisir	p. 97
15. Vivre ses contradictions	p. 107
16. Une liste des valeurs	p. 111
17. Où il est question des vibrations de la vie	p. 117
18. Quand les émotions nous mettent sous pression	p. 123
19. Ecoute toujours, tu m'intéresses	p. 131

20. Les obstacles à l'écoute	P. 139
21. Différents niveaux d'écoute	p. 147
22. L'empathie, conscience de la fraternité	p. 151
23. L'empathie pour l'ensemble du vivant	p. 157
24. Empathie et espace intérieur	p. 163
25. Cultiver notre jardin intérieur	p. 171
26. Le plaisir de prendre rendez-vous avec soi	p. 175
27. L'alignement, un fil du sol au ciel	p. 183
28. Situation actuelle, situation désirée	p. 199
29. (Se) poser les bonnes questions	p. 207
30. Choisir, c'est créer	p. 215
31. Saucissonner le dinosaure	p. 221
32. Pour en finir avec une certaine idée du mérite	p. 225
33. Parlons d'objectifs	p. 227
34. Les balises pour préciser son objectif	p. 235
35. Faire du temps un ami	p. 241
36. Formuler une vision et fixer le cadre	p. 247
37. Ecologie personnelle : prendre soin de soi	p. 251
38. Le temps de prendre soin de soi	p. 257
39. Se connecter à la vraie vie	p. 263
40. De soi à l'autre	p. 269
41. L'alignement du flexi-terrestre	p. 277
Conclusions : pour l'instant	p. 279
Bibliographie	p. 286

A Ellie, créatrice du monde de demain.
A Raphaël, créateur du monde de demain.

*« La situation est désespérée
et la solution est désespérément simple. »*

Paul Watzlawick

Chemin faisant, je deviens un flexi-terrestre.

Je souhaite partager cette posture qui permet d'être solide dans un monde liquide et/ou carré dans un univers cyclique.

Il s'agit simplement d'apporter une solution à la quadrature du cercle de la Vie.

Le flexi-terrestre désigne l'attitude de l'être vivant qui contribue et s'adapte à son environnement en se respectant dans ce qu'il est.

INVITATION À S'AUTORISER

Réveille ton côté espiègle

Accueille la spontanéité

Retrouve l'éclat de rire de l'enfance

Goûte à tout ce qui est bon

Profite de tout ce qui est beau

Frémis sous les caresses

Sois sérieux sans te prendre au sérieux

Apprécie une mauvaise blague

Allie performance et plaisir

Pleure de joie

Donne du sens à la peur

Respecte la souffrance

Comprends la colère

Prends de la hauteur

Profite de la vie qui est simplement merveilleuse

Dis-toi au plus profond, que tout cela mérite juste un grand éclat de rire…

Vis libre

Et surtout, aime infiniment.

1
ALLONS-Y GAIEMENT

Que penses-tu de l'idée de réenchanter le réel ?

Chaque matin, avant d'ouvrir les yeux, je prends une minute, ou à peu près.

Pour penser à ce qui se passe… à ce moment-là.

Cette nuit, la terre a bien tourné sur elle-même en même temps qu'elle tournait autour du soleil. Cela se déroule sur des centaines de milliers de kilomètres.

Une cour de récréation à la dimension de l'univers.

Bel univers : en expansion depuis quelques milliards d'années. Il est en expansion et est réglé comme une horloge. Les jours succèdent aux nuits, les saisons aux saisons, les marées basses aux marées hautes avec la régularité d'un métronome. Seules changent les mesures ! Tout cela nous permet, à nous les humains, d'être plus ou moins conscients de notre présence, le temps d'une infime partie d'éternité.

> *« Quand j'ouvre les yeux, j'observe que je suis tout petit dans l'univers ; quand je ferme les yeux, je me rends compte que j'ai l'univers en moi. »*
> Inayat Khan

Puis, j'aime penser aussi à la vie humaine sur terre !

Des millions d'êtres humains se lèvent quand d'autres se couchent !
Des millions de parents embrassent leurs enfants dès l'aurore, tandis que d'autres les cajolent avant la nuit !

Des enseignants se mettent sur le chemin du travail,
Des infirmières changent de rôles de garde, ...
Chacun parcourt ses sillons quotidiens.

Certaines contrées du monde ploient sous l'opulence ;
D'autres manquent de l'essentiel.
Mais partout des êtres humains sont en souffrance !

Ce n'est pas la bonne volonté qui manque pour pallier les carences.
C'est plutôt la puissance des systèmes qui obéissent à des logiques qui n'appartiennent plus à personne.

Et si nous commencions par nous réapproprier totalement notre quotidien ?

Le matin est aussi le moment de penser à la nature.
Cette merveilleuse mécanique au carrefour de la lumière, de l'eau, de la terre et de l'air.
Ce que nous appelons aujourd'hui "environnement" peut faire penser qu'il s'agit d'une entité qui nous est étrangère !

Environnement : « Ce qui nous entoure de tous côtés. » !
Mot étonnant, lorsqu'on y pense pour désigner ce dont nous faisons intégralement partie.

L'être humain existe en lien avec la terre qui le nourrit, l'air qu'il respire, l'eau qui coule fluide aussi vital que l'air... dans tout son métabolisme.

Se promener le long d'une rivière à l'orée du jour.
Passer une soirée près de celles et ceux que j'aime.
Materner et accompagner ses enfants.
Dormir à la belle étoile.
Se recueillir dans une cathédrale, une mosquée ou près du grand Bouddha ou être simplement dans un lieu où je me sens en sécurité.

La vie est une jubilation. Vivre pleinement chaque instant en éveillant sa capacité d'émerveillement, s'étonner d'une rencontre, écouter une histoire surprenante, s'offrir de petits moments de plaisir...
Foncer, bouger, structurer, construire, comprendre, prendre soin, rencontrer, imaginer...
Même si jubiler ne signifie pas que tout est drôle ou simple.
La vie est aussi douleur, tristesse et questionnement... il lui arrive parfois d'être tellement dure et injuste que, parfois, la

souffrance dépasse l'entendement…

Mais quelle invitation exceptionnelle d'être dans ces minuscules parcelles d'éternité…
Juste dans l'instant !

Au présent !

Si puissant et si fragile…

PARTAGER LE PLAISIR

Quels mots trouver pour donner envie de parcourir un bout de chemin dans ces quelques pages ?

Amour de la vie, communication, partage, trucs et astuces, pistes de réflexion, outils, atelier…

Ma passion repose sur le plaisir de la rencontre. J'aime comprendre les ressorts qui permettent de mettre en mots, de tisser du lien, d'écouter, de partager, de découvrir.

Enfant, je rêvais de devenir journaliste. Mon rêve était d'interviewer des personnalités qui comptaient ! Je suis fasciné par les histoires de ces hommes et ces femmes qui font de la politique, participent à la vie en société, à la recherche, à l'économie, aux sports…
C'était le début du développement de la télévision.

Je découvrais l'univers de l'actualité, cette capacité et la possibilité d'agir dans le quotidien. J'avais envie d'écouter, de comprendre et de raconter...

Mon plaisir est de transmettre des idées.

Quelques décennies plus tard, au gré de rencontres aussi étonnantes qu'improbables – je n'ai jamais pu tracer de frontières précises entre hasard et destinée –, je suis devenu coach.

Un coach accompagne des personnes ou des équipes. Il les aide à formuler ce qu'elles souhaitent devenir et à trouver le chemin pour y parvenir.

La communication et la vie, j'en ai fait un métier. Mon job est d'accompagner des personnes dans la définition de leur style de communication, de les inviter à mettre des mots sur leurs valeurs, leurs priorités, de leur permettre d'identifier les zones de confort, de gérer les conflits et le stress pour finalement être à leur place avec plaisir dans leur travail, dans un projet ou simplement dans leur vie!

En fait, le coaching, tel que je le conçois, consiste en une série d'entretiens où chaque personne peut, par l'écoute, le questionnement, la reformulation, préciser sa pensée, ses objectifs afin de s'aligner sur ses valeurs, ses motivations profondes et ainsi gagner en conscience et en justesse.

C'est un rendez-vous que l'on se donne à soi-même.

J'aime les histoires humaines. Elles me nourrissent, me vivifient, me font rire. Elles m'attristent et me fâchent aussi, parfois !

J'aime la Vie !

Ce métier n'est pas nouveau !
Quand Socrate pratiquait la maïeutique, c'était une forme de coaching avant la lettre.
Pendant que les philosophes philosophaient, Socrate écoutait et offrait à ses interlocuteurs d'accoucher de leurs pensées.
Si, dans un premier temps, il les amenait à se rendre compte par eux-mêmes qu'ils ne savaient pas vraiment ce qu'ils croyaient savoir,

il les accompagnait ensuite, à l'inverse, dans leur propre questionnement pour les pousser à exprimer ce qu'ils portaient en eux !

Ce qui a changé pour moi est le choix de l'actualité. Les personnalités médiatisées, les stars du cinéma ou du sport peuvent apparaître comme les personnages actuels des contes merveilleux...
Les princesses, les héros des temps modernes sont peut-être économistes, artistes, entrepreneurs ! Et leurs modèles ne sont pas souvent en adéquation avec la vie quotidienne.

Certains médias véhiculent des images sculptées par les émotions. Ils peuvent ainsi induire une certaine forme de pollution de notre quotidien... comme si le temps présent était exclusivement porteur de défaitisme, de larmes et de sang.

La vraie vie qui se passe dans la rue, dans les maisons et les places publiques, est créatrice de belles inspirations !

J'aime le merveilleux qui se niche au coin de la rue.

Chaque être humain est sacré en ce sens que son histoire est unique. Nous sommes tous pleinement acteurs de notre temps là où nous sommes. A l'instar du colibri de la légende, nous faisons tous notre part!

L'idée maîtresse du coaching est de considérer que chaque être humain est porteur de ses solutions. Parfois, il n'a juste pas pris le temps de se les représenter, de les dire!

Tous les jours, j'en vis des exemples dans mon job. Offrir à un être humain un espace où il peut s'exprimer librement sans être jugé... Et de belles surprises voient le jour!

Laisser le temps à la bienveillance!
Veiller à être bien!
Prendre soin de soi!
C'est simplement être attentif à stimuler le souffle de vie que nous portons. C'est peut-être notre seul vrai travail!
Veiller à être bien, c'est agir en sorte que la vie toute entière se porte bien.

C'est l'effet papillon vertueux. Etre bienveillant avec soi-même, c'est aussi s'éveiller à ce qui donne du sens à la vie, pour le plaisir de contribuer au bien-être de celles et ceux qui nous entourent!

Les conflits ne viennent pas nécessairement d'une volonté de nuire mais le plus souvent d'attentes mal formulées. Par le biais de la projection, nous imaginons, en effet, que nos attentes sont évidentes pour l'autre sans même lui en avoir parlé.

Ce que nous appelons "malveillance" est souvent le fruit d'une colère, c'est-à-dire d'une demande ignorée. Celle-ci est d'autant plus difficile à exprimer que nous n'avons pas pris le temps de la clarifier à nos propres yeux.

« L'homme n'est ni ange ni bête », dit Pascal. Et il ajoute : « Le malheur veut que qui veut faire l'ange fait la bête. » Notre principal chantier est de nous construire en regard de cette vie plurielle et paradoxale qui est en nous.

Notre quotidien est illustré dans ces tranches de vie qui démontrent que l'être humain est capable du meilleur et du pire. S'il s'agit du pire, il est confortable de désigner responsable l'autre ou le lointain, les autres ou les autres pays... Mais, moi, comment puis-je faire au présent pour être en lien avec les valeurs qui me sont chères ? Comment suis-je attentif à prendre du temps pour me construire et quelle attention suis-je capable de réserver à mon entourage ?

Le flexi-terrestre pose et se pose la question du plaisir d'être là, de goûter à la vie et de trouver sa place dans son environnement.

Comment cela résonne-t-il en vous ?

CAPABLE DU MEILLEUR

L'être humain est capable du meilleur et du pire.

Il s'agit juste de voir la part de moi que je souhaite nourrir et la part que je vais inviter l'autre à partager !
C'est sans doute là que se niche notre liberté, au cœur de nos déterminismes : choisir quel être humain nous voulons devenir...

La question ne se pose pas en terme de qualités ou de défauts. Mais plutôt en termes d'adéquation ou d'inadéquation de mes comportements pour moi-même ou/et pour celles et ceux qui m'entourent !

Gagner en conscience permet de se rendre adéquat ou de choisir de ne pas emprunter certains chemins...

Mon expérience de coach me conduit à penser que le pari de la bienveillance est le plus juste. Parce que celle-ci nourrit la vie et favorise la justesse. Le pari de l'intelligence et de la bienveillance peut réserver de belles surprises. Celles et ceux qui ne font pas ce pari-là prennent le risque de se perdre dans la bêtise !

Pouvoir nous dire à nous-mêmes, être au clair avec notre propre récit, comprendre nos ressorts, éclairer les prismes à travers lesquels nous exprimons notre réalité sont autant de questions préalables au commencement d'un échange avec l'autre.

Ainsi mon rêve d'enfant est devenu mon quotidien.
J'écoute, je questionne, je reformule !

J'invite à dire, à exprimer, à tâtonner, à clarifier, à se sentir vivre...

J'exerce ce métier de rencontres dans des milieux très différents, en Europe, en Afrique mais aussi au Moyen-Orient avec des gens qui ont des formations, des métiers, des cultures très divers : managers de petites et de grandes structures, professions libérales, médecins, responsables d'associations, chefs d'équipe, étudiants...

Nous, êtres humains, sommes des personnages de roman!
Chacun de nous recèle des trésors de ressources, d'imagination et toutes les capacités à mettre son destin en œuvre, à chercher le meilleur pour lui et celles et ceux qui l'entourent!

Pour autant, je ne vis pas dans un monde de Bisounours. Je ne pense pas être naïf (enfin, pas trop). Je suis bien conscient que les systèmes qui se mettent en place sont parfois très durs ou extrêmement décalés par rapport à ce qu'il serait bon de faire!
J'entends aussi beaucoup de souffrance, de tensions. Si la vie est belle, elle est loin d'être toujours heureuse!
Elle est parfois aussi très triste, révoltante, pénible. Nous avons nos parts d'ombre et de fragilité; nous avons aussi des colères dévastatrices et des tristesses qui n'en finissent plus...
Mais en dépit de tout cela, il reste la Vie et cette volonté de comprendre, d'imaginer, de grandir!

Ce que je trouve dans le cœur de celles et ceux que je rencontre : une envie sincère de bienveillance !

Attention, je n'entends pas par bienveillance des attitudes mièvres, tièdes ou aveugles mais bien une attitude décidée, travaillée, construite, courageuse où j'entends aller au bout de mes projets, affirmer qui je suis tout en prenant soin du milieu dans lequel j'évolue... Etre dans la bienveillance, c'est être et dans la rigueur et dans la demande !
La bienveillance implique que le cadre des relations soit bien fixé, que les règles du jeu soient définies et que les attentes réciproques soient clairement exprimées.

Ce qui m'anime et qui inspire ce livre est le fait de trouver au-delà de chaque destin singulier des lignes de force, des fils rouges qui relient les histoires ; chacun a son histoire et ses histoires... En même temps, tout cela tisse une trame commune de vie. Comme si l'histoire de chacun pouvait être l'histoire de tous !

Un lien entre les humains tous uniques et si semblables. Ce lien qui révèle le sentiment de la fraternité !

Je m'intéresse particulièrement aux questions de communication.

Les techniques de communication et de coaching sont une invitation à s'ajuster, à s'écouter et à se comprendre... Posture nécessaire pour être dans l'écoute et la compréhension de l'autre !

Si ces techniques ne sont pas nouvelles, elles sont pourtant d'une brûlante actualité !

Notre époque connaît sans doute les mêmesquestionnements que toutes les autres époques de l'histoire. Avec toutefois une spécificité : nous épuisons nos ressources naturelles. C'est l'ensemble de la vie sur terre qui est ainsi mise en cause !

L'illusion que l'homme est le maître du monde n'est pas juste. Nous sommes partie prenante de la vie. Nous dépendons de l'univers dans lequel nous vivons.

Nous allons vers une époque surprenante où nous allons être invités à réinventer notre relation avec la nature au risque de disparaître.

C'est, en même temps, une immense opportunité et un immense risque !

Il nous reste à comprendre que la coopération est la seule voie possible.

CHACUN SA ROUTE, CHACUN SON CHEMIN

Lors de mes formations, j'ai appris des techniques de communication que j'ai burinées au cours des nombreux séminaires que j'ai animés et au cours des rencontres avec les coachés que j'ai accompagnés.

J'ai cherché, affiné, écouté encore et précisé !

Souvent, à la fin d'un coaching ou d'une formation, j'entends dire : « Si j'avais su cela plus tôt » ou « Tout le monde devrait savoir cela ». Ce à quoi j'aime répondre que j'y travaille un peu tous les jours et que chacun est le bienvenu dans ce si beau chantier.

Et si nous devenions tous notre propre coach

Mon objectif est de partager le fruit de toutes ces rencontres et les lignes de force que j'ai pu y trouver. Il s'agit d'ingrédients plutôt que de recettes.

Ces idées sont des outils, des invitations à la réflexion qui n'ont de sens que si vous en trouvez pour vous.

Ces supports ouvrent des pistes pour communiquer d'abord avec soi!
Je suis particulièrement interpellé par des personnes qui vivent mal le système dans lequel elles sont, qui ressentent de la colère par rapport à des personnes de leur entourage, qui sont animées par des croyances qui leur sont nuisibles ou qui souffrent de fidélités inconscientes.

Elles ont bien de la peine à répondre à la question de savoir ce qui leur ferait plaisir. C'est que l'occasion de prendre rendez-vous avec nous-mêmes nous manque souvent!

Prendre le temps de se poser et de se comprendre!
De s'écouter.
Les outils de communication servent notamment à cela...

Car enfin comment pourrions-nous créer une relation bienveillante à l'autre si nous n'avons pas pris le temps d'être bienveillant avec nous-mêmes ?

Au mieux, pouvons-nous adopter une posture de sauveur, faire le bonheur des gens malgré eux – et parfois à notre propre détriment – pour ensuite leur adresser la facture, en attendant, inconsciemment, parfois, en guise de paiement un geste de reconnaissance ou de gratitude.

La vie nous invite à l'apprentissage.
Chaque moment, chaque rencontre, chaque bonheur et chaque souffrance sont aussi une invitation à découvrir le bon chemin !

Le moment le plus exaltant dans mon job est celui où je vois un regard s'éclairer, une émotion s'exprimer ponctuée d'un « bon sang mais c'est bien sûr ! ». Tout était là !
Les solutions étaient à portée d'intelligence. Le temps n'avait juste pas été pris pour les mûrir, pour les dire et se les dire.

Si l'idée que je trouve dans la plupart des courants de pensée est que l'homme est libre – et donc responsable – cela implique d'abord de lui faire confiance dans les solutions qu'il va trouver. Et surtout de ne pas imaginer qu'il a besoin d'être sauvé !

Ce livre raconte « ma » bonne nouvelle.
Je l'ai trouvée sur le chemin de la vie !

Sous forme d'attitudes, de grilles de lecture pour comprendre et se comprendre.
Le chemin -toujours inachevé- que j'ai emprunté vers moi-même et qui m'a rapproché de moi et des autres.

Finalement, peut-être notre travail d'être humain est-il de véhiculer la Vie. Pour un instant, une poussière d'éternité, nous en sommes un média.

Comment faire ?

D'abord favoriser l'énergie qui est en nous, en prenant soin de nous, en écoutant nos émotions et nos motivations, en cherchant ce qui fait sens pour nous. Puis favoriser la circulation de la vie dans notre entourage, dans nos relations, dans le monde, dans l'univers !
Ensuite prendre conscience de toutes les petites morts que nous nous infligeons chaque jour avec des colères que nous ne comprenons pas, par les pressions que nous nous imposons, par l'importance démesurée que nous pouvons

accorder à des faits d'une étonnante banalité.

Et enfin prendre conscience que ce qui est bon et doux et chaleureux correspond à notre attente vitale.

Le flexi-terrestre affine ses choix.
Ce qu'il souhaite et ce dont il veut s'éloigner.

De quoi ai-je envie de m'éloigner ?

Qu'est ce que je souhaite pour moi ?

LÀ-HAUT
DE MA MONTAGNE

Notre quotidien se nourrit du réel mais surtout de nos représentations du réel.

Depuis notre naissance (et bien entendu avant, mais cela c'est une autre histoire), nous prenons connaissance du monde dans lequel nous vivons. Chaque moment de notre vie se traduit par des images, des sons, des goûts, des parfums, des émotions...

Nos cinq sens sont en éveil et construisent la mémoire de notre monde.

L'univers est neutre. Il ne prend sens pour nous qu'au travers des images que nous en avons construites.

Notre premier voyage est de partir à la découverte de nos paysages mentaux.

C'est amusant de prendre ainsi quelques minutes pour penser au nombre immense – des milliards – de représentations qui nous habitent.

Le cerveau humain est composé d'environ 86 à 100 milliards de neurones. Les neurones se combinent de manière à ce que chacun contribue à emmagasiner beaucoup de souvenirs en même temps. Cela augmente de façon exponentielle la capacité du cerveau pour arriver à quelque chose de l'ordre de 2,5 péta-octets.

C'est une salle d'archives impressionnantes, une immense "penséothèque".

Dans les formations, j'aime citer des mots et demander ce que cela évoque pour chacun: océan, forêt, désert, montagne, naissance, études, travail, art, ville, maison, habitat, loisirs, livre, fraise, soie, internet, rouge, musique, rivière...
Et aussi: détente, respect, confiance, justice, partage, amour...

Tous ces mots renvoient à nos expériences. Nous leur donnons un sens en fonction de notre histoire.

Bien entendu, une table est une table ! Un ravier de fraises, un ravier de fraises.

Toutefois, si l'évocation des fraises me renvoie au souvenir de délicieux après-midis de cueillette, entouré de personnes que j'aime, à un urticaire dont j'ai eu du mal à me défaire ou à l'extraordinaire confiture de ma tante Josée, je vais ressentir des émotions bien différentes.

Notre vie se déroule au gré de nos représentations !
Les mots et les situations trouvent un sens en nous en relation directe avec notre vécu !

Chaque instant est nourri de notre expérience et permet l'acquisition de nouvelles connaissances.

Chaque situation et chaque rencontre sont traduites et exprimées par cet immense dictionnaire personnel que recèle chaque être humain. Cette dimension me fascine. Prendre la mesure du trésor de connaissances de chaque personne me rend joyeux.

Dans cette fabuleuse mémoire de l'histoire de notre vie, chaque situation nous renvoie à notre vécu. Il y a donc une double dimension : la réalité et la représentation que nous nous en faisons.

Je souligne aussi l'importance de la compréhension du toucher. Ce mot peut être compris au moins à deux niveaux.

Il s'agit d'abord du toucher de la main sur la soie, du vent sur le visage, de l'eau sur le dos, de la main sur l'épaule...

C'est ensuite l'éveil de la joie à la vue d'un enfant qui rit à gorge déployée, la grande tristesse en pensant au décès d'un proche, la colère face à une situation violente, la peur face à l'inconnu.

Ce que je crois réel n'est pas vraiment le réel mais ce que je crois être le réel. Il ne s'agit pas seulement de la relation de faits mais d'avoir une réflexion sur la façon dont je traduis ces faits et comment éventuellement je les partage. Notre communication est subjective. Elle dévoile notre point de vue. Le regard d'un sujet se traduit dans son langage propre au travers de ses prismes intimes.

Comment dès lors aborder l'idée de « science exacte » ?

Pour Grégory Bateson, la science elle-même n'est pas "exacte": c'est un mode de perception, d'organisation et d'attribution de sens aux observations, forcément subjectif et non définitif.

Paul Watzlawick a contribué au développement de l'idée de "constructivisme". Il n'existe pas de réalité indépendante de l'observateur : le processus même de l'observation modifie ce qui est observé.

J'aime cette métaphore : imaginer que chacun de nous est juché sur sa montagne. Celle-ci est constituée de l'ensemble de notre vécu, de moments de vie présents ou non dans notre actualité. C'est notre point de vue.

La programmation neuro linguistique (PNL) initiée par John Grinder et Richard Brandler nomme un de ses concepts clé : la carte du monde.

La carte n'est pas le territoire. Elle est le monde que nous construisons à partir de ce que nous percevons ; c'est une représentation. Il s'agit donc de différencier la réalité (le monde) de ce que nous en percevons grâce à nos sens, la manière dont nous la filtrons et la manière dont nous la représentons (la carte).

Nous filtrons notamment au moyen de trois attitude : la généralisation, la distorsion, la rétention sélective.

La généralisation conduit à considérer que ce qui s'est produit une fois ou plusieurs fois se reproduira. C'est de cette façon que nous construisons nos croyances.

« Je n'ai jamais eu de chance » ou « tout m'a toujours réussi » relève de cette attitude de visiter le réel à la lumière de notre vécu et de se construire des prédictions ; « cela n'a aucune chance de réussir » ou « je vais, comme d'habitude tout mettre en place pour que cela se passe bien ! ».

La généralisation représente aussi notre capacité créative, d'imagination et notre possibilité d'apprendre. Un jour, enfant, j'ai appris à ouvrir une porte parce que quelqu'un me l'a montré. Depuis, je sais le faire sans trop de difficultés. J'ai aussi appris que poser sa main sur un radiateur chaud la brûle. J'ai essayé. J'ai eu mal et depuis, je ne le fais plus… C'est le bénéfice de la généralisation.

Mais ce processus de généralisation biaise aussi la communication humaine.
« Pierre est une andouille », « Corine se trompe continuellement », « mon chef est autoritaire », « Caroline est géniale », sont des affirmations qui sont parfois très éloignées de ce qui est observable.

La distorsion conduit à déformer ce que nous percevons pour le représenter d'une façon plus conforme à nos croyances, à notre point de vue.

C'est amusant de voir comment nous pouvons trahir les faits pour les rendre conformes à nos souhaits. « Je suis très attentif à l'environnement et je crois qu'il faut changer nos attitudes. Si je roule dans un véhicule impressionnant, c'est pour la sécurité de ma famille ! Mais je veille à choisir de la nourriture bio ».

Nous pouvons tous nous reconnaître dans ces attitudes où nous nous arrangeons avec nous-mêmes… C'est toutefois intéressant de noter que nous n'autorisons pas toujours cette même attitude à l'autre.

La rétention sélective est une attitude qui consiste à retenir ce qui correspond à nos préoccupations du moment. Je filtre ce que je perçois en fonction de mes questions du moment. Si je suis à la recherche d'un vélo, je deviendrai très perméable à la communication sur ce type de produits. Je serai donc beaucoup plus ouvert et disponible à la rencontre si je suis intéressé par le sujet.

Chacun s'exprime du haut de sa montagne avec sa propre carte du monde. Il explique celui-ci à la lumière de ses propres éclairages… Il arrive même qu'il se mette en devoir d'expliquer à l'autre ce qu'il devrait voir de son sommet.

Cette attitude porte le nom de projection. Il s'agit tout simplement de penser que l'autre pense comme nous, que nos évidences sont ses évidences et que ce qui est tellement clair pour nous doit l'être automatiquement pour lui...

Petit récit de vie

Projeter son désir sur autrui : carte blanche sur le continent noir

Marc est un manager très dynamique et compétent. Il a monté une entreprise florissante en 5 ans seulement, active désormais sur plusieurs continents. Il possède beaucoup de talents mais les plus saillants sont la créativité et le mouvement. Au sein de son équipe il aime travailler avec des amis qu'il essaie de valoriser autant qu'il le peut. Comme pour lui-même, il leur laisse une pleine liberté d'expression et d'attitudes et accepte toutes les idées répétant souvent : « Ta seule limite est ton imagination. »

C'est dans cette optique qu'il a proposé un poste important au sein de son activité à son ami malien en qui il a toute confiance et à qui incombe la lourde responsabilité de développer l'activité de l'entreprise sur le continent africain. Malheureusement, son ami ne se retrouve pas du tout dans le profil qu'a Marc de lui ce qui attriste beaucoup celui-ci qui croit lui avoir fait une fleur et ne sait pas quelle attitude adopter face à lui.

Quand on interroge André, on se rend vite compte qu'il ne comprend pas pourquoi son patron lui accorde « carte blanche sur le continent noir ». Il ne comprend pas non plus que celui-ci ne parvienne pas à cadrer son travail car c'est ce qu'il attend d'un chef. Les projections de l'un et de l'autre ne se rencontrent donc pas.

L'imagination débordante de Marc ne lui a pas permis de se mettre à la place de son collaborateur et de s'ajuster à sa demande car sa représentation d'un africain est que celui-ci n'a pas besoin de cadre. Au contraire, son ami André lui, a construit sa personnalité autour d'une demande de sécurité et de rigueur, loin des clichés que Marc a pu se faire.

Tant que les deux partenaires ne comprendront pas leurs attentes respectives, ils ne parviendront pas à travailler ensemble.

Le flexi-terrestre établit l'état des lieux et actualise les représentations et les croyances qui l'habitent.

À quoi cela vous ouvre-t-il ?

PROJETER MA RÉALITÉ SUR L'AUTRE

La projection désigne cette attitude qui consiste à imaginer que l'autre pense comme nous, au lieu de laisser place à sa propre subjectivité. Il peut s'agir d'attribuer à quelqu'un des qualités, des défauts, des intentions qu'il n'a pas en réalité.

Par exemple, votre collaborateur vous semble de mauvaise humeur ce matin. Vous attribuez cela au fait qu'il est surchargé par ses dossiers. Vous lui dites alors: « Comment puis-je te donner un coup de main ? » Il vous répond: « Je ne vois pas ce que tu peux faire pour moi. » Car vous avez tout faux: il est touché par le licenciement d'un de ses amis et a peur pour lui-même.

Votre enfant rentre d'humeur très joyeuse à la maison. Vous imaginez qu'il se réjouit du barbecue familial qui est programmé ce soir-là. Or, il est simplement porté par un bon moment passé avec une amie qui l'aime.

La projection est donc le plus sûr moyen de se fourrer le doigt dans l'oeil.

Il s'agit d'une façon de vivre la relation à l'autre en lui faisant porter des parts de nous avec lesquelles nous ne sommes, par ailleurs, pas nécessairement à l'aise. Ou même que nous n'avons pas encore nommées, ou portées à notre propre conscience.

« Pierre a besoin de reconnaissance. Sans cela, il ne sait pas avancer », assène un manager lors d'une réunion de coordination.

« Je suis certaine que tu as besoin de sécurité et c'est pour cela que tu n'es pas bien », confie une femme à son amie.

Ainsi, nous pouvons attribuer nos propres attentes à notre environnement.

Nos attentes, nos valeurs, nos peurs, nos colères nous appartiennent.

La communication dans la projection devient un lieu où des univers se touchent et ne se partagent pas. Il s'agit seulement de penser pour l'autre, d'imaginer ce qu'il pense..., et de croire qu'il partage nos évidences et nos croyances.

Les échanges ont lieu côte à côte mais pas face à face. Dans cette situation, nous restons connectés à nous-mêmes et à nos besoins. Nous ne sommes pas reliés à l'autre.

Le flexi-terrestre se remémore la dernière fois où il a pensé à la place de l'autre avec une intention parfaitement bienveillante.

Que pensez-vous de ceci ?

PRENDRE RENDEZ-VOUS AVEC SOI-MÊME

Notre monde est unique!

Nous le construisons tout au long de notre vie. Il est notre oeuvre, le fruit de notre travail d'être humain. Enfance, jeux, études, relations, joie, tristesse, il peut devenir plus riche, plus dense, plus profond. Il est immense et restera en grande partie inexploré. Si certaines méthodes de compréhension de soi invitent à revisiter l'enfance, elle ne se traduit aujourd'hui qu'à la lumière de notre vie actuelle. Elle est sujette à interprétations, à approximations, ...

Nous construisons notre monde à partir de faits que nous passons à la moulinette de nos choix, de nos préférences, de nos valeurs. La recette sera pimentée par le hasard de nos rencontres.

Parlons-en du hasard! Le hasard? C'est cette phrase glissée au détour d'une conversation sans importance qui va me marquer pour la vie…

Pourquoi ce regard joyeux qui croise le mien change-t-il l'humeur d'une journée, d'une vie ?

C'est précisément là une source de la fragilité de la communication humaine.

Les réseaux sociaux véhiculent régulièrement ce message :
- Entre ce que je pense,
- Ce que je veux exprimer,
- Ce que je dis,
- Ce que tu crois comprendre,
- Ce que tu comprends,
- Et la façon dont tu le restitues,…
il y a bien des occasions de se tromper.

C'est une façon plaisante d'exprimer la dynamique de la communication.

Cette densité, qui est en nous, se révèle dans l'instant au moyen des mots, des intonations, des gestes et des mouvements de notre corps. Nous sommes en même temps dans l'expression et dans la construction de notre réel.

Le premier chantier est donc la visite de notre univers intérieur. Quels sont les évènements qui nous touchent et pourquoi ? Quelles sont nos sources de plaisir ? Qu'est-ce qui nous fait vibrer ?
Si j'aime les grandes tables conviviales, la compréhension de ce que je vis, le mouvement, le challenge, le défi, l'apport d'idées nouvelles, la nécessité de structurer les choses, c'est intéressant d'identifier les besoins qui sont en jeu dans ces situations qui me mettent en vie... Pourquoi suis-je en colère quand il y a du désordre dans la maison ?
Pour quelles raisons l'inactivité m'ennuie-t-elle ?

Mettre des mots sur ce qui me nourrit ou me désole me permet de m'offrir un lexique personnel.

La vie compte autant de réalités que d'êtres humains. Chacun est auteur et acteur de son monde. Ce qui peut à la fois être d'une richesse infinie et provoquer un vertige solitaire !

C'est cette belle singularité qui rend notre vie unique.

En même temps se pose la question de notre relation aux autres et à la nature!

« Connais-toi toi-même et tu connaîtras l'univers et les dieux. »
Ces quelques mots traduisent la démarche qui nous invite à partir à la découverte de la vie en nous.

Je suis émerveillé par le mystère des êtres humains que nous sommes : de la capacité extraordinaire de nos ressources, de notre relation à nous-mêmes, de nos élans d'amour, de notre lien au monde et de notre faculté à co-créer la vie...
Mais il y aussi notre immense fragilité et notre fâcheuse habitude de nous perdre, nous éloigner de l'essentiel.

« C'est la faute de mon chef, de mon entourage, du système, de la société! », nous utilisons souvent cette façon de sortir de nous pour trouver les causes de notre malheur en dehors de nous... et ceci a peu de sens.
Se poser la question de savoir ce qui est difficile pour moi dans ce que je vis, pouvoir mettre des mots sur ce que je sens, sur mes attentes

et ensuite amener à la conscience ce qui est en jeu dans ma relation au réel me permet non seulement de clarifier les choses mais aussi de les vivre autrement : avec plus de vitalité.

Partir à la recherche de ce qui me met en mouvement dans l'énergie vitale. Veiller à me connecter à moi-même, à découvrir ce qui fait sens, à identifier où je me trouve sur le petit fil qui me relie à la terre et au ciel.

Partir à la découverte de ma verticalité.

Mon expérience de coach et d'être humain m'apprend que ce qui nous manque sans doute le plus est de prendre rendez-vous avec nous-mêmes…

Nous donner le temps de nous retrouver, d'identifier les sources des motivations qui nous animent afin de nommer ce qui est bon pour nous et, partant pour l'autre.

OÙ IL EST QUESTION DE VIVRE SES VALEURS

« Créer de la valeur », « vivre ses valeurs », « définir ses valeurs ». Ces expressions sont entrées dans le langage courant depuis une vingtaine d'années, au moment de la mondialisation ; au moment où les frontières physiques disparaissaient, venait peut-être le moment de réfléchir au sens.

Aujourd'hui, les chartes d'entreprise, les curriculum vitae, les discours dans toutes les sphères de l'activité sociale, les prises de position individuelles font souvent référence aux valeurs.

L'utilisation des valeurs est plurielle. Dans certaines situations, il s'agit du fruit d'une réflexion personnelle ou collective qui poursuit l'objectif de permettre à chacun de clarifier son point de vue et de trouver sa place. Dans d'autres cas, cela peut être une simple politique d'image, un effet d'annonce voire une façon de mettre de l'ordre dans les "ressources humaines".

Identifier les valeurs se révèle un outil particulièrement efficace.
L'utilisation qui en est faite dépend des choix des personnes qui accompagnent la démarche : choix moral, attitude éthique, posture déontologique président à la définition et à l'utilisation d'un code de valeurs. Mais tous ces outils peuvent construire ou détruire selon l'utilisation qu'on leur réserve.

Les définitions et les regards sont pluriels.

Parler des valeurs demande que l'on s'entende sur cette idée...

Les valeurs peuvent simplement signifier ce à quoi on attache de l'importance. Dans ce cas, on pourrait dire que la famille, le travail, l'argent, le respect, la justice sont des valeurs.

Je choisis de définir les valeurs comme les sources de notre motivation. Ce qui nous conduit à donner de l'importance à une chose plutôt qu'à une autre. Quelles sont les raisons, le « ce pour quoi » le moment que je vis revêt une importance spécifique pour moi en fonction de la valeur qui y est engagée...

Je peux dire que la famille est essentielle pour moi mais ce qui est intéressant, c'est de savoir pourquoi cette idée me touche. Je peux, par exemple, être attentif à ma famille parce que j'y trouve l'amour, la tendresse, la complicité, l'écoute.

La question porte donc davantage sur ce qui me touche dans certaines situations ou attitudes que sur ce que je trouve important.

Préférer que rien ne traîne, que tout soit bien organisé répond à une attente de rigueur, d'ordre, de précision mais aussi peut-être en attendons-nous sécurité ou confiance.

Aimer travailler ensemble, se serrer les coudes peut répondre à une attente de partage, de complicité, d'attention, de générosité, de contribution au bien-être mais aussi de présence, de compagnie, de reconnaissance, d'appartenance.

Aimer travailler seul, apprécier les longues marches en solitaire ou la lecture peut répondre à une attente de paix, de sérénité, de silence, d'inspiration mais aussi d'équilibre ou de rythme...

Dans la compréhension de notre fonctionnement, ce qui compte n'est pas ce que nous aimons ou pas... Ce qui est éclairant est la motivation que nous pouvons nommer et qui est à l'origine de l'acte que nous posons.

Nous ne faisons rien «gratuitement». Une motivation/valeur est toujours nichée à la source de chacune de nos actions.

Nous savons souvent exprimer spontanément ce que nous aimons ou ce qui nous déplaît... Mais le «pourquoi» tarde le plus souvent à venir.

Nous expliquer ce que nous faisons, comment nous le faisons mais aussi les raisons qui nous motivent sont souvent difficiles à clarifier.

Telle personne, par exemple, pose des questions, interroge. Elle est continuellement en recherche d'informations. Elle parvient même à agacer son entourage qui la trouve intrusive mais s'en défend avec hargne. Elle trouve ces jugements injustes. Elle a pourtant bien de la peine à exprimer que c'est comprendre ce qui se passe dont elle a besoin.

Une autre se sent particulièrement à l'aise en réunion. Elle souhaite d'ailleurs en organiser très souvent pour s'assurer du concours de chacun. Elle veille à ce que tous soient impliqués dans le processus de décision. Cette personne pourra se voir reprocher ses pertes de temps en discussions inutiles… alors qu'elle est persuadée du bien-fondé de sa démarche. Elle est simplement animée d'une valeur de coopération.

Telle autre apprécie le travail collectif parce qu'elle y trouve de la sécurité mais elle vit les choses de façon très différente d'une autre personne qui y trouve une réponse à un élan de collaboration.

Chacun peut donc trouver des réponses à des attentes différentes dans une même situation.

L'expression d'un merci peut répondre chez une personne à un besoin de reconnaissance alors que l'autre y trouvera plutôt le plaisir de contribuer.

Un entretien intéressant peut correspondre aux besoins d'écoute et de tisser du lien d'une personne alors qu'une autre y trouvera une source d'apprentissage.

Identifier et nommer les valeurs qui nous animent ou pas dans une situation permet de comprendre notre état émotionnel. Trouver une réponse à nos valeurs détermine le confort ou l'inconfort émotionnel.

Petit récit de vie

Jean est fraiseur

Il dit: « J'aime mon métier. J'avais un oncle qui travaillait dans les ateliers. Enfant, j'y traînais ; j'ai grandi dans leurs odeurs et maintenant encore, je m'y sens bien. Ce qui est extraordinaire dans mon travail, c'est ce que j'y apporte : j'ai besoin de me rendre utile, de construire, de contribuer. »

LA NON VIOLENCE EST D'ABORD UNE QUESTION DE RELATION À SOI

La communication non violente construit sa réflexion dans l'instant. A chaque moment, un besoin nous met en mouvement. Nous pouvons ainsi passer par des états émotionnels fort différents d'un moment à l'autre. Mais entre un passé révolu et un futur à venir, le seul lieu d'action est l'instant...

Quand je parle avec mon ami François, je me sens particulièrement bien. En fait, je suis enthousiaste et pétillant parce que je me sens en lien avec lui. Mais si mon ami regarde par la fenêtre en soupirant quand je lui parle, je peux me sentir agacé ou contrarié !
Je change alors de registre émotionnel simplement parce que je perçois dans son attitude une perte de ce lien qui m'anime. Je perçois que je n'ai plus de réponse à cette valeur qui était essentielle dans cet échange... Je peux alors penser que cette attitude est un manque de respect ou d'estime et basculer dans

le jugement : « Cela ne se fait pas de soupirer quand quelqu'un te parle... »

Notre fragilité émotionnelle se révèle dans cette faculté que nous présentons de passer du rire aux larmes en réaction à un fait que nous vivons. C'est percevoir que nous perdons une réponse à un besoin... Ce sentiment peut nous conduire à passer une mauvaise journée, une mauvaise semaine... Quand je rencontre une personne qui est triste parce que son collègue ne l'a pas saluée le matin ou n'a pas remarqué son travail, la première façon d'en prendre soin est de l'accompagner dans la formulation des besoins qui étaient en jeu à ce moment : connexion à l'autre, reconnaissance, lien, humanité ? ...

Nos conflits sont d'abord intérieurs.

Dire que l'autre me met de mauvaise humeur n'a pas de sens... Il est plus juste de dire que je lui ai donné l'autorisation de l'éveiller en moi, que je n'ai pas su gérer le fait qu'il ne répondait pas à un besoin que par ailleurs, je n'ai peut-être pas précisé. C'est alors un pouvoir immense que j'abandonne à mon entourage :

celui de contribuer (ou pas) à mon bien-être émotionnel.

Je suis, à ce moment-là, dans la plus totale interprétation de ce que fait mon ami. Si je lui pose la question de savoir pourquoi il soupire et regarde par la fenêtre, il peut me répondre que ce moment était inspirant pour lui, que ce regard et ce soupir étaient la manifestation d'un besoin de silence pour pouvoir goûter pleinement à l'instant. Ce qui change évidemment le regard sur la relation à ce moment. Il aurait pu aussi me dire qu'il était à saturation de mes propos et avait besoin de paix... A moi d'entendre sa demande et de lui réserver le respect dont je souhaitais bénéficier moi-même.

Une relation n'a de sens que si chaque interlocuteur trouve des réponses à ce qu'il en attend à ce moment-là.

Je peux passer des heures à bavarder avec mon amie Vinciane. Je trouve dans ces conversations des réponses à mes besoins d'apprendre, de comprendre, à mon besoin d'humanité ou de bienveillance. Je me trouve pourtant très agacé par son appel téléphonique quand je suis en attente de calme.

J'adore un moment solitaire en recherche de spiritualité. Dans l'instant qui suit, j'ai une grande envie de rejoindre mon club pour y trouver soutien et réconfort.

Aborder la question des valeurs par le biais de moments de la vie quotidienne me conduit à insister sur l'importance du rôle de nos valeurs, de nos motivations, de nos besoins. Ces trois mots expriment en fait ce qui motive nos actions.

Dans le processus de communication non violente, la réflexion repose sur 4 étapes ; passer du jugement aux faits, puis à l'émotion ressentie en fonction du besoin qui est rencontré ou pas et ensuite de la demande qui est formulée.

Revenons à l'échange avec mon ami François : je lui parle, il soupire et regarde par la fenêtre.

Jugement : « Je trouve ton attitude particulièrement déplaisante. »
Fait : « Te voir regarder par la fenêtre et soupirer quand je te parle. »
Emotion : « Je me sens agacé. »
Besoin : « Je ne trouve pas de réponse à mon

besoin de respect. »
Demande : « Peux répondre à ce besoin de respect ? ».

J'aime ce processus parce qu'il clarifie rapidement ce qui est en jeu dans la relation.

Nous sommes assez doués pour nous exprimer au niveau des jugements et des émotions. Dire avec colère que Pierre est con, que Céline est nulle et que Fabian est un incapable permet certes une expression spontanée de nos émotions.
Revenir aux faits et aux besoins (valeurs) demande un travail de questionnement. Mais c'est la voie pour trouver ou retrouver une communication vivante.

Je ne pense pas utile d'aborder chaque situation de vie avec cette réflexion au risque de devenir "le torturé de service" ou de rentrer dans ces attitudes qui cherchent à expliquer tout sur tout...

C'est bon de goûter pleinement à chaque instant de la vie et de ne revenir aux outils de communication que lorsqu'on en ressent le besoin pour mieux comprendre ce qui se passe en nous.

Quand je vis un moment particulièrement exaltant, j'aime aussi le mettre en mots pour mieux le ressentir et mieux comprendre ce qui éveille la bienveillance et la douceur de cet instant.

J'adopte le même questionnement quand je vis des moments inconfortables : « Quelles sont les raisons de ce mal-être ? », « Qu'aurais-je souhaité trouver à ce moment pour être bien ? ».

La réflexion centrale est de bien comprendre le rôle essentiel de nos valeurs dans notre bien-être.

Dans ma formation de coach, j'ai tiré un grand bénéfice à mettre des mots sur mes motivations, sur ce à quoi répond ce que j'entreprends. La réponse à ces questions permet vraiment de s'ajuster par rapport à soi et par rapport aux autres.
Dans les accompagnements que je fais, je suis souvent touché de voir comment ce travail simple de prime abord permet d'éclairer

non bons ou moins bons choix, de gérer essentiellement nos conflits intérieurs et de comprendre les tensions qui nous habitent.

La non violence est un beau cadeau à s'offrir.

LES VALEURS, LES BESOINS, LES MOTIVATIONS

Les mots « valeurs », « besoins », « motivations » abordent tous une même question : qu'est-ce qui me donne envie de me lever le matin ? Qu'est-ce qui me rend joyeux ? Qu'est-ce qui met en mouvement ?

Pour identifier les valeurs qui nous inspirent, plusieurs sources sont disponibles.

La pyramide des besoins identifiés par Abraham Maslow qui fait figure de pionnier en la matière, répertorie les besoins physiologiques (faim, soif, respiration, sommeil), les besoins de sécurité (stabilité et environnement prévisible), les besoins d'appartenance et d'amour (lien aux autres et au vivant), les besoins d'estime (reconnaissance, respect, confiance…) et les besoins d'accomplissement de soi qui représentent les différentes motivations qui nous habitent et qui peuvent être davantage présentes que d'autres suivant les moments.

Maslow a fait connaître le résultat de ses travaux en 1943.

Son approche a été complétée de nombreuses autres analyses bien plus récentes mais ses travaux continuent à faire autorité en la matière.

Virginia Henderson, elle, est la référence en matière de soins infirmiers. Elle apporte aussi un éclairage intéressant avec un point de vue sur les attentes des patients. A cette époque, elle pense que « les soins infirmiers consistent principalement à assister l'individu, malade ou bien portant, dans l'accomplissement des actes qui contribuent au maintien de la santé (ou à une mort paisible) et qu'il accomplirait par lui-même s'il avait assez de forces, de volonté ou de savoir. C'est probablement la contribution spécifique de l'infirmière de pouvoir donner cette assistance de manière à permettre à celui qui la reçoit d'agir sans recours à l'extérieur aussi rapidement que possible ».
La définition des soins infirmiers de base de Virginia Henderson s'applique à tous les malades et à tous les milieux.

Elle définit 14 besoins fondamentaux :
- Le besoin de respirer.
- Le besoin de boire et de manger.
- Le besoin d'éliminer.
- Le besoin de se mouvoir et de maintenir une bonne position.
- Le besoin de dormir et de se reposer.
- Le besoin de se vêtir et de se dévêtir.
- Le besoin de maintenir la température du corps dans les limites de la normale.
- Le besoin d'être propre et de protéger ses téguments.
- Le besoin d'éviter les dangers.
- Le besoin de communiquer.
- Le besoin de pratiquer sa religion et d'agir selon ses croyances.
- Le besoin de s'occuper et de se réaliser.
- Le besoin de se récréer.
- Le besoin d'apprendre.

Comment identifier les valeurs?

Au moment d'identifier nos valeurs, un écueil est à éviter : confondre une motivation et ce que nous mettons en place pour y trouver une réponse.

C'est une distinction importante pour donner du sens à ce que nous faisons. Ce qui compte, ce ne sont pas les actes que nous posons. Ce qui est éclairant, c'est la motivation qui les sous-tend !

Quelques exemples :
J'aime mon travail et je dis que mon travail est une valeur pour moi. Dans la démarche du sens, ce qui compte est de savoir pour quelles raisons, je fais ce travail : ce qu'il m'apporte, à quoi il répond chez moi. Cela peut être la reconnaissance, la créativité, l'affirmation de soi, la coopération, … ou un peu tout à la fois.

Mon travail d'infirmière est important pour moi car j'y trouve un espace pour prendre soin. Ce qui me rend heureuse est de veiller au bien-être des gens qui m'entourent.

Mon job de comptable me stimule car j'y trouve une réponse à mon plaisir d'être dans la précision, la rigueur, l'ordre. J'aime les règles et la structure.

Ma mission d'enseignant me remplit d'entrain car je trouve des réponses à mes besoins de

comprendre, d'apprendre et de transmettre.
Mon boulot de technicienne de surface me plaît. J'aime préparer des locaux pour que les gens s'y sentent bien. Je trouve ma satisfaction dans le fait de contribuer au bien-être de mes collègues.

Bosser dans la production est exigeant et fatigant. Toutefois, j'aime le mouvement, l'énergie… Le fait d'aller vite et de ne jamais être dans la routine me gonfle à bloc.

J'aime la marche en forêt. Je dis que cette activité est une motivation centrale pour moi. Le jour où je ne peux plus marcher en forêt, je suis malheureux. Je vais pouvoir travailler cette tristesse quand j'aurai identifié la valeur ou les valeurs qui sont en jeu. La marche m'apporte la sérénité, le calme, la réflexion, le mouvement, le bien-être physique. Le travail consiste alors à imaginer comment trouver des réponses à ces motivations dans une autre activité que la marche.

Il s'agit non pas de renoncer à ce qui fait sens pour moi mais bien de trouver des actions alternatives pour nourrir la même motivation.

Petit récit de vie

Yasmina : balayons nos idées reçues.

Trouver le merveilleux en nous.
Une leçon de justesse : quand "l'étage du bas" est le plus reluisant!

Yasmina n'est pas une femme ordinaire : tous les matins, elle se lève de très bonne heure, mais contrairement à la majorité des gens, elle le fait avec le sourire!
Elle est la première à se rendre à son bureau, ou plutôt au bureau de ses patrons car Yasmina ne fait pas vraiment partie de l'équipe. Tous les matins avant l'aube elle s'affaire à astiquer, balayer, nettoyer, frotter, dépoussiérer, faire briller... elle le fait en chantant. Pour elle, le balai matinal est un ballet... Dans cette entreprise florissante installée sur plusieurs étages, elle n'oublie pas la clenche de la porte, les poussières sur l'appui de fenêtre, l'encadrement du tableau qui orne le mur, le vase fleuri au milieu de la table de la salle de réunion.

Aujourd'hui est une journée particulière : toute l'équipe se réunit autour du vase fleuri et d'un coach afin de réfléchir ensemble à ce qui motive chaque membre de l'équipe au sein de l'entreprise. Si d'aucuns remarquent le vase et la bonne odeur diffuse, tous se concentrent sur eux-mêmes, l'objectif étant pour la vingtaine de participants de répondre au mieux à la question personnelle de savoir ce qui les anime dans leur travail. Chacun cherche à la fois la réponse la plus juste mais se sent également jugé par l'assemblée.

Au premier tour de table, Jean-Marie veut grimper les échelons, Pierre est animé par le challenge, Gilles aime la précision, Johanna apprécie l'ordre et la méthode, Albert veut s'assurer un confort familial et Jocelyne défendre la place des femmes dans la hiérarchie. Un peu de tout : chacun « prêche pour sa chapelle. »

Au moment de la pause, notre amie Yasmina apporte le café avec le sourire ; le coach soucieux de donner la parole à tous et interpellé par cette femme qui semble bien aérienne, l'interroge sur ses motivations. Yasmina confie timidement mais avec un grand naturel que ce qu'elle aime plus que tout dans son métier c'est de rendre les locaux propres et agréables à vivre afin que chacun s'y sente bien.
L'assemblée, visiblement, émue par cette confidence reste bouche bée.

Loin d'un conte de fées moderne, cette femme nous transmet un message simple : elle a trouvé sa place. En s'appliquant au quotidien dans cette mission, elle a trouvé le moyen de faire sens pour elle et donc de faire du bien.

Yasmina s'est sentie valorisée au sein de l'équipe dont elle est désormais un membre à part entière : tout le monde remarque le vase fleuri. Cela a renforcé les liens de toute l'équipe.

LES VALEURS, LE SENS DE NOS ATTITUDES

Les premiers pas du flexi-terrestre reposent sur la prise de conscience du rôle des valeurs dans son quotidien et de leur place essentielle dans son confort émotionnel.

Je crois utile le fait de mémoriser la liste des valeurs et de les exprimer dans notre langage courant. Quand j'ai découvert cet outil, j'ai déposé une liste de valeurs sur le coin de mon bureau. J'y suis régulièrement revenu. Cela m'a permis d'affiner l'écoute de mes propres besoins et aussi de réserver une attention plus particulière aux attentes de mes interlocuteurs.

Souvent, dès les premières minutes d'un entretien, une personne nomme les valeurs qui lui sont chères. Elles font partie de son vocabulaire courant. Même si, à la question de savoir ce qui la motive dans certaines circonstances, elle est bien incapable de répondre.

Ainsi, telle personne vous parlera de son attachement à la paix, telle autre de son attention particulière pour le travail en commun ou le respect ; telle autre encore sur le fait de comprendre ce qu'elle vit... et une autre aussi soulignera combien les idées nouvelles sont importantes pour elle.

Au travers de nos valeurs, nous exprimons les prismes que nous appliquons à notre vécu de la réalité.

Une personne, par exemple, très portée sur la rigueur et l'ordre sera attentive à vivre dans un environnement structuré, organisé où les règles de l'art prévalent.

Une autre, marquée par des valeurs de communication, de liens, de complicité sera très soucieuse de la qualité de la relation entre les personnes.

Nous ne sommes pas nécessairement conscients des valeurs qui guident nos actes.

J'aime courir en groupe. J'apprécie particulièrement un repas en famille. J'exprime ce plaisir sans réaliser que les valeurs présentes sont la convivialité, le partage, l'humanité...

Je suis curieux intellectuellement. J'adore lire, regarder des émissions ; je suis friand de voyages sans savoir que ce sont des valeurs d'apprentissage, de compréhension, de découvertes qui sont les ferments de ces comportements.

Ces attitudes sont des "stratégies inconscientes" dans la mesure où nous ignorons ce qui les motivent.
En fait, je peux exprimer ce que j'aime et ce que je n'aime pas mais je suis le plus souvent incapable de nommer les motivations qui sont rencontrées ou non.

Nommer les valeurs qui sont à l'origine d'une attitude permet d'en éclairer le sens.

LES VALEURS QUI NOUS STRUCTURENT

Toutes les valeurs sont vivantes en nous. Elles sont vécues en fonction du moment, des personnes que l'on rencontre, du contexte dans lequel on évolue, de nos périodes de vie.
Certaines valeurs comptent plus pour nous que d'autres. Il s'agit de nos valeurs dites « structurantes ». Leur connaissance constitue un pas essentiel vers la connaissance de soi.

Elles sont particulièrement présentes dans notre quotidien et se manifestent par les émotions qu'elles éveillent en nous.

Pour les identifier, la démarche la plus simple est d'être attentif à ce qui suscite une « vibration » en nous. Ce qui nous émeut particulièrement. Pourquoi le fait de partager un moment en famille est-il si parlant pour moi? Qu'est-ce qui fait que je suis tellement attaché à ma rencontre hebdomadaire avec mes amies? Pourquoi suis-je si attentif à l'esthétique? Au

beau ? Pourquoi ai-je une préférence marquée pour ce qui est ordonné ?
L'explication du fait que certaines valeurs nous enflamment particulièrement est plurielle.

Nos valeurs peuvent être liées à notre contexte familial, à notre formation, à notre culture. Il s'agit de choix que nous posons. Elles peuvent reposer sur des expériences heureuses que nous avons vécues et que nous souhaitons renouveler ou pallier des carences. Dans l'esprit du coaching, peu importe le pourquoi, ce qui compte est le constat afin de mettre en place ce qui nous permettra de trouver des réponses à ces élans.

Une personne animée par des valeurs d'ordre, de précision, de rigueur peut traduire cela par une attention particulière au rangement, à la ponctualité, à ce qu'elle appelle un travail bien ficelé.

Si son attention se focalise sur ce point, cette personne risque rapidement de mettre l'accent sur des faits qui, à ses yeux, ne correspondent pas aux valeurs qui l'animent. Elle jugera que l'ordre laisse à désirer, qu'une minute de retard est intolérable quand tout le monde sait que l'heure, c'est l'heure ! Ce faisant, elle risque de paraître rigide et intolérante. Surtout par ceux qui ne partagent pas ses valeurs ou qui ne les vivent pas avec la même intensité. Elle peut aussi se mettre elle-même une solide pression en considérant qu'elle n'est pas capable de faire reconnaître ses idées.

Une personne particulièrement marquée par des valeurs d'humanité, de contribution au bien-être, d'attention va adopter des attitudes où elle veillera à ce que chacun soit bien et trouve sa place ; elle peut même avoir tendance à faire une tâche à la place de celui ou celle qui doit l'effectuer pour le protéger et s'assurer qu'il se sente bien ! Peut-être ira-t-elle jusqu'à se « sacrifier » !
Alors que l'intention est bienveillante, le résultat peut être désastreux car cette personne se met dans des états de pression, de déception. Elle peut se sentir mal de ne pas prendre assez soin d'elle-même. Il peut même arriver qu'elle présente la facture : « Après tout ce que j'ai fait pour toi » à laquelle, elle risque de se voir opposer un « Je ne t'ai rien demandé ». Voici donc une relation engagée sur des valeurs

d'humanité qui tourne en eau de boudin, en conflits juste pour une question d'inadéquation. De plus, cette personne risque aussi d'être perçue comme intrusive et omniprésente.

Dans cette approche, je n'aime pas parler de qualité ou de défaut d'une personne. Je pense que les mots « adéquation » et « inadéquation » sont plus justes.

Je suis adéquat quand les comportements que j'adopte dans une relation (cela comprend aussi la relation à moi-même) sont confortables émotionnellement pour moi et mon interlocuteur.
Je suis inadéquat quand les émotions deviennent pression, mal-être, inconfort…

Le nombre de valeurs structurantes est une question toute personnelle. Ce questionnement permet de mettre des mots sur ce qui fait que certaines situations nous touchent davantage que d'autres.

C'est sans doute nos plus beaux talents qui amènent le plus de tension en nous-mêmes et pour ceux qui nous entourent. L'amour devient envahissement ; la rigueur, rigidité ; l'énergie, brutalité ; la créativité, égarement ; le goût de savoir, intrusion...

DES CURSEURS À AJUSTER

L'expression populaire « on a les défauts de ses qualités » est révélatrice de ce qui est source d'inadéquation dans nos attitudes vis-à-vis de nous-mêmes mais aussi vis-à-vis de notre l'environnement.

C'est là qu'intervient cette idée d'ajuster les curseurs de nos valeurs.

Un curseur est un repère qui glisse dans la coulisse d'une règle, d'un compas. Ce mot sert aussi à désigner une petite flèche ou une marque lumineuse mobile sur l'écran d'un ordinateur et qui indique où l'on se trouve.

Si je suis animé par des valeurs d'ordre et de précision, mes comportements n'auront de sens que s'ils apportent une plus-value qualitative pour moi et mon environnement… Quel est le sens d'exiger un rangement parfait s'il n'apporte rien de plus heureux ?

Dans le même registre, mon élan est de contribuer au bien-être des gens qui m'entourent. Quel sens cela a-t-il si, faisant cela, je ne contribue pas à mon propre bien-être en m'assurant notamment que ce que je propose correspond à l'attente, à la demande de celui à qui je m'adresse ?

« Placer les curseurs à leur juste place » signifie que nous pouvons exprimer les valeurs qui nous animent en y injectant une juste énergie pour nous et celles et ceux à qui nous nous adressons.

Petit récit de vie

Odette

Odette a 35 ans. Elle estime qu'elle a des difficultés à tisser des relations durables à l'exception de celles qu'elle a construites avec ses amis d'enfance.
Elle dégage une extraordinaire énergie : elle aime bouger, veut aller de l'avant, recherche challenges et défis. Elle pense qu'elle a hérité cette énergie débordante de son père mort jeune dans un accident.

« Je pense que je suis forte à faire peur », annonce-t-elle au début de l'entretien. En effet, quand Odette s'engage dans une relation, la force qu'elle dégage donne d'elle l'image d'une grande indépendante qui finit par faire peur à ses interlocuteurs. Elle dit aussi : « Quand j'escalade une montagne, je regarde déjà la suivante. »

Elle sent bien que cette attitude la fait passer à côté d'occasions plus durables, qu'elle aurait intérêt à poser ses valises et à trouver une façon de s'ajuster : non pas renoncer à son énergie qui semble être une forme de fidélité inconsciente à son père, mais à ajuster celle-ci.

DES MOTEURS QUI NOUS APPORTENT DU PLAISIR

Dans cette recherche du sens, les travaux d'Eric Mortier, concepteur du SISEM, constituent un apport intéressant.

Actif dans les ressources humaines et spécialisé dans les bilans de compétences, il s'est un jour posé la question de savoir si ce qui est important est ce que les personnes savent faire ou si le focus doit plutôt être dirigé vers leurs motivations ; il s'agit donc de réfléchir non à ce que les personnes développent comme compétences mais plutôt de définir ce qui les conduit vers ce type d'activités.

Partant d'un corpus d'entretiens, il identifie six moteurs qui représentent six sources principales de motivation basées sur le plaisir. Ces six sources d'énergie sont présentes dans chaque être humain. La culture, l'éducation, les choix personnels, l'environnement familial et scolaire sont autant de facteurs qui vont contribuer à "activer" certains moteurs plutôt que d'autres.

Le système du SISEM propose aux personnes d'identifier leurs trois principaux moteurs. C'est une des originalités de ce processus. Il s'agit bien d'une appropriation des moteurs par la personne qui les vit. Le questionnement porte sur ses moments de plaisir dans la vie, les activités qui la nourrissent, qui la font "vibrer".

Quels sont ces six moteurs?

« Accompagner » est le moteur lié à l'esprit d'équipe, la solidarité, la proximité relationnelle, le lien. C'est la part de nous qui se trouve confortable dans l'écoute, l'empathie, le partage, l'aide, le « prendre soin », l'attention aux autres. L'approche est plus collective qu'individuelle. Les professions qui conviennent à ce moteur sont celles où l'on peut consacrer du temps aux autres, instaurer un esprit de corps, resserrer les liens dans un groupe, faire en sorte que les gens soient bien.

« Rencontrer » est le moteur lié au contact, à la connexion, aux interactions, à la sociabilité.

C'est la part de nous qui considère que chaque personne a quelque chose de spécifique qu'il est stimulant de connaître. C'est le respect de la différence, la culture de la tolérance, la méfiance des systèmes uniformes. Les professions liées à ce moteur sont celles où il est possible d'aller vers des personnes, de les accueillir, de leur donner des informations, de les amener à s'ouvrir à la différence ou à lutter contre l'exclusion.

« Accompagner » et « rencontrer » sont les deux moteurs relationnels.

« Créer » est le moteur de l'imagination, de l'originalité, de l'esthétique, du changement, des alternatives. C'est la part de nous qui apprécie l'adaptation, la flexibilité, l'intuition. La réalité n'est pas figée. Elle se transforme en permanence car le monde qui nous entoure est en perpétuelle mutation. C'est aussi le plaisir d'apporter sa touche personnelle et de s'épanouir dans les activités qui favorisent l'expression de soi. Les professions liées à ce moteur sont celles qui demandent de s'adapter régulièrement à de nouvelles méthodes, de porter le changement dans l'organisation, de mener des réformes.

« Explorer » est le moteur de la compréhension, de la connaissance, de la découverte. C'est la part de nous qui aime mener l'enquête, recouper des informations et mettre le doigt sur le détail qui change tout. Vous aimez en savoir plus sur le comment du pourquoi, trouver la solution. Vous appréciez le discernement, la logique, l'observation, l'astuce. Les professions liées à ce moteur sont celles où l'on peut poser un diagnostic, élaborer des stratégies, remédier à des anomalies, stimuler l'envie d'apprendre.

« Créer » et « explorer » sont les deux moteurs liés au cognitif.

« Conquérir » est le moteur lié à l'action, aux raccourcis qui permettent de gagner du temps, aux décisions rapides pour s'adapter à des nouvelles situations. C'est le plaisir d'être au grand air, de profiter de l'espace. C'est la joie de se fixer des challenges, de relever des défis, de repousser les limites, de flirter avec le risque... Aller plus loin, réaliser pour la première fois, battre un record sont de puissants stimulants. Certaines professions impliquent du mouvement, de la rapidité d'actions, le fait de dynamiser les autres, de communiquer une envie d'aller de l'avant, de partager le goût de la compétition.

« Construire » est le moteur de la maîtrise. La réalité peut être façonnée, forgée assemblée. Les territoires, les domaines d'intervention sont clairs. C'est un plaisir de suivre un plan, de contrôler les étapes d'un processus, de respecter les règles de l'art. La constance, la méthode, la rigueur, l'anticipation et le réalisme sont des bases plaisantes de fonctionnement. Les professions liées sont celles qui permettent de suivre des procédures dans une organisation rôdée, d'appliquer des méthodes, de structurer le travail des autres, d'inspirer l'envie aux autres d'être efficaces.

« Conquérir » et « construire » sont les deux moteurs opérationnels.

Le SISEM ne se limite pas à définir nos principaux moteurs. En les reliant entre eux, il permet de définir les activités dans lesquelles nous pouvons trouver du plaisir. Ce processus est utilisé avec beaucoup de bonheur dans le recrutement, dans le développement d'un style managérial ou encore dans la constitution d'équipes.

Il est souvent aisé de reconnaître son premier moteur. C'est notre spécificité! Le deuxième moteur est lié à notre façon de faire. Le troisième est lié au contexte dans lequel nous aimons évoluer.

Je présente ce processus dans cet ouvrage car j'aime son efficacité.

Le SISEM est un système simple sans être simpliste. Il est une porte d'entrée particulièrement accessible à la compréhension de nos modes de fonctionnement. Evidemment, nous avons ces six moteurs en nous et nous pouvons tous les développer. Evidemment, un être humain ne se résume pas à six moteurs. Nous sommes bien plus et bien d'autres choses que cela... Toutefois, ce système offre une clarification sur ce qui nous installe dans le plaisir ainsi que sur ce qui nous conduit au stress.

Nous pouvons alors définir les valeurs qui sont liées à nos moteurs...
Pourquoi suis-je "accompagner"? Les valeurs de contribution, de partage, de complicité, de coopération constituent peut-être le socle de

mon fonctionnement.

Pourquoi suis-je "construire"? La rigueur, la précision, l'ordre, le cadre sont essentiels dans ma vie.

Pourquoi suis-je "rencontrer"? L'écoute, l'accueil, la tolérance, la connexion sont au coeur de mes valeurs.

Pourquoi suis-je "créer"? La créativité, l'innovation la stimulation, l'évolution, l'actualisation sont importantes pour moi.

Pourquoi suis-je "conquérir"? Le mouvement, l'exercice, l'affirmation de moi, l'appropriation de mon propre pouvoir sont centraux dans ma vie.

Pourquoi suis-je "explorer"? La découverte, la clarté, la conscience, les connaissances sont nécessaires pour moi.

Chacun apprend à mettre ses mots sur ses valeurs. Plusieurs des valeurs citées ci-dessus pourraient être utilisées pour d'autres moteurs que celui auquel je les ai attachées. L'important est que la personne puisse mettre le mot qui la touche émotionnellement et qui est juste pour elle.

Etre à l'écoute de soi est la condition d'une bonne définition de ses valeurs. Une réelle connexion à soi permet de mettre des mots sur ce qui nous met en mouvement, nous touche...

Si vous êtes dans l'attitude d'accompagnement, soyez attentif à l'expression de votre interlocuteur pour prendre la mesure de sa réaction à l'évocation de telle ou telle valeur...
Une question comme : « Qu'évoque pour vous le respect ? » peut provoquer une moue dubitative ou un « sans cela, rien n'est possible sur cette terre ».

Une question comme : « Que représente la liberté pour vous ? » peut éveiller une attention réservée ou un « c'est toute ma vie » avec un large sourire ou des larmes qui embuent le regard.

Des réponses spontanées, fortes en émotions sont souvent un signe que cela touche une source de motivation importante.

Le flexi-terrestre émet des hypothèses sur les moteurs qui l'animent et les identifie dans ses attitudes quotidiennes.

Quels sont les moteurs qui vous installent dans le plaisir?

VIVRE SES CONTRADICTIONS

> « *Fuir la contradiction,
> c'est mourir de son vivant.* »
>
> R. Enthoven

En logique, une contradiction est le caractère de ce qui réunit des éléments incompatibles.

Les valeurs qui nous animent sont parfois, même souvent, contradictoires.
Je peux, en effet, vouloir être libre dans mon travail mais avoir, en même temps, besoin de la sécurité de l'emploi ; aimer qu'on me fixe des règles et apprécier l'autonomie ; aimer la compagnie et la solitude, vouloir tisser un lien fort et malgré tout, rester libre…

Non seulement ces désirs contradictoires peuvent provoquer une tension intérieure mais ils me rendent aussi peu compréhensible par

les personnes auxquelles je m'adresse.
Aussi vaut-il mieux que j'apprenne à les décrypter, à les nommer et à les accepter afin de « sous-titrer » la façon dont je fonctionne.

Dans l'esprit du coaching, il ne s'agit pas de renoncer à nos besoins mais de mettre en place des stratégies qui ouvrent le champ des possibles pour nous permettre d'assumer sereinement toutes nos contradictions.

Le coaching nous invite donc à mettre des « et » là où le bon sens commun ne propose que des « ou ».

Petit récit de vie

Les attitudes contradictoires de Philippe

Philippe, 52 ans, est à la tête d'un bureau d'architectes prospère, composé d'une quinzaine d'employés à qui il a assuré un cadre de vie et de travail confortables : des projets créatifs, une stabilité d'emploi et un potentiel de développement personnel.

Si Philippe devait se définir, il dirait de lui qu'il aime la convivialité, se trouve sympathique et qu'il excelle dans la communication.

Tout semble lui sourire, sauf que, lorsqu'il y réfléchit, il pense que le monde de l'architecture n'est pas le monde de ses rêves. En effet, il préfère la relation avec le client que dessiner des plans et réaliser leur construction. De plus, il ne comprend pas pourquoi il ne parvient pas à fidéliser ses employés qui ne restent pas au sein de son entreprise. De même, il ne comprend pas pourquoi leur cadre de travail manque d'ambiance, d'émulation alors qu'il s'acharne pourtant à les développer. Aucun conflit n'est apparent mais un inconfort latent crée un climat de tension et un certain malaise.

Interrogé, le personnel répond dans sa grande majorité, qu'il trouve le patron versatile et s'étonne de l'importance excessive et inappropriée qu'il accorde à la convivialité dans un cadre de travail qui se doit d'être plutôt créatif et rigoureux. Consternation du patron, considérablement secoué par le constat de son personnel.

Philippe se met dès lors à considérer son parcours sous un autre angle, plus spirituel. Lors de son travail d'introspection, lui apparaît une constatation essentielle : c'est un homme pour qui la sécurité est primordiale et quand on étudie son parcours, on comprend aisément pourquoi : orphelin dès son jeune âge, il a manqué de sécurité toute sa vie ce qui l'a conduit à être excessif dans cet aspect du travail et le rend « rigide » aux yeux de ses collaborateurs.

Paradoxalement, comme une marmite à pression, il connaît des phases où il a besoin de relâcher la soupape ; il se montre alors très festif et jovial. Ses collaborateurs ne peuvent plus le cerner et ne savent plus sur quel pied danser face à sa personnalité ambiguë.

Nous comprenons au travers de cet exemple qu'un feed-back est essentiel dans toute relation : nous ne sommes pas seulement ce que nous imaginons être par nous-mêmes, mais sommes aussi ce que perçoit de nous le regard d'autrui, même si nous le ressentons injuste ou blessant.

Ayant mis des mots sur ses contradictions, Philippe est entré en phase avec lui-même et a changé d'attitude, ce qui lui a permis de mieux répondre et à ses attentes personnelles et à celles de ses collaborateurs.

UNE LISTE DES VALEURS

Les valeurs, portent sur nos sources de motivation. Nous pourrions aussi parler de besoins. Il s'agit en fait de désigner, ce qui donne sens à nos actes, ce pour quoi nous faisons quelque chose et pas les actions, les stratégies que nous mettons en place pour y répondre.

Il existe plusieurs inventaires des valeurs. Ils sont conditionnés par le sens que l'on donne à ce mot. J'ai construit une liste en m'inspirant largement des travaux de Marshall Rozenberg en Communication non Violente.

La famille ou le travail, dans ce cas, ne sont pas des valeurs, mais des attitudes que je mets en place pour répondre à des valeurs.

La famille peut répondre à des valeurs d'amour, de complicité, de tendresse, de sécurité, d'écoute.

Le travail peut répondre à des valeurs d'affirmation de soi, de créativité, de reconnaissance.

C'est à chaque personne qu'il appartient de définir les valeurs qu'il engage dans une relation.

Je vous invite à mémoriser cette liste en apprenant à les identifier dans votre propos puis dans les propos de vos interlocuteurs. Ils sont des mots clés qui vous permettent de mieux cerner les enjeux de la relation.

En tant que flexi-terrestre, quand vous apportez une valeur dans vos propos, prenez contact avec vous-même pour ressentir l'émotion que cette évocation provoque. Faites de même avec vos interlocuteurs. Quelles sont les manifestations émotionnelles exprimées en même temps qu'une valeur. Une forme d'indifférence ou de distance ou plutôt l'expression de quelque chose de vivant...

Eau
Nourriture
Affection
Tendresse
Confort

Abri
Repos
Chaleur
Soins

Sécurité
Permanence
Toucher
Douceur
Sensibilité

Mouvements

Choix
Liberté
calme
Solitude

Indépendance

Direction

Relaxation
Affirmation de soi
tranquillité
temps/espace pour soi

Respect de soi Estime de soi

Connaissance de soi

Authenticité Honnêteté

Sens **Vision** *But*
Rythme *Créativité*

Equilibre

Signification **Temps d'intégration**

Croissance — Réalisation de soi — Evolution
Développement — Guérison **Action**
Maîtriser — Accomplissement
Précision — Actualisation
Repères — *Participer* Générer
Structure **Clarté** — **Considération**
Concision — Apprendre

Stimulation **Cohérence** *Exploration*

Simplicité — Contact — Connaissances — Respect
Stabilité — *Communication*
Fiabilité — **Conscience**
Ecoute — *Tolérance*
Connexion — Adéquation
Expression — Appartenance
Compréhension **Empathie**
Ouverture *Transparence*

Honnêteté

Equité
Réconfort
Appréciation
Confiance
Proximité
Beauté
Contribuer

Sécurité émotionnelle

Justice Soutien
Consultation
Acceptation
Présence **Donner**
Intimité **Amitié**
Compagnie
Reconnaissance

Coopération
Etre Harmonie
Espoir Paix
Esthétique

Amour

Silence

Recevoir
Inspiration
Sérénité

Transcendance

Ordre
Partage
Humour
Servir

Lâcher-prise

Rendre grâce
Naissance
Ritualisation
Communion

Finalité

Le flexi-terrestre détermine les valeurs qui sont essentielles pour lui.

Quelles sont les valeurs essentielles qui vous inspirent ?

OÙ IL EST QUESTION DES VIBRATIONS DE LA VIE

Selon Mayer et Salowey, l'intelligence émotionnelle est « l'habilité à percevoir et à exprimer les émotions, à les intégrer pour faciliter la pensée, à comprendre et à raisonner avec elles, ainsi qu'à les réguler chez soi et chez les autres ».

Cette idée d'intelligence émotionnelle s'est fortement popularisée à la suite des livres de Daniel Goleman. L'auteur y développe l'idée d'un quotient émotionnel (QE) qui nous permettrait de gérer au mieux les relations avec notre entourage notamment professionnel.

Cette attitude est un cocktail de conscience et de contrôle de soi, d'empathie, d'ouverture d'esprit, de tact et de diplomatie. Elle favorise la motivation, la flexibilité, la convivialité.

L'intelligence émotionnelle requiert quatre attitudes de base.

La connaissance de soi permet d'identifier ses émotions, ses sentiments et ses attentes. J'apprends ainsi à prévoir mes réactions dans les circonstances que je rencontre et les attentes qui y sont liées. Je sais aussi créer un environnement physique et humain où je peux m'installer pour y trouver le confort émotionnel. Cela implique la découverte de ma propre histoire qui prend en compte la mémoire de mes expériences et de mon vécu. Cette démarche repose aussi sur une visite de mes systèmes de croyances.
L'estime de soi et la confiance en soi issues de ce type de réflexion permettent de trouver sa place.

Le contrôle de soi est lié à la connaissance de soi qui consiste à savoir anticiper les situations dérangeantes pour moi, ce qui me permet de mieux gérer mes émotions.

Le sens de la communication me rend curieux des choses et il me permet d'être à l'écoute des gens et de m'ouvrir à d'autres futurs possibles. Il s'agit de travailler à ma qualité de présence, à ma compréhension, à éclairer les malentendus pour aplanir ou faire disparaître les conflits.

L'attitude de communication comprend l'accueil des émotions qui s'expriment spontanément et complètement aux moments où je le rends possible. L'acceptation des émotions implique aussi de me connecter avec la mémoire de vécus difficiles dans le passé qui font aussi partie de mon histoire.

L'empathie me dote de cette capacité à comprendre profondément le monde qui m'entoure en ce compris les émotions qui y sont vécues.

Tout cela est rendu possible parce que je choisis cette attitude.
L'exercice consiste d'abord à réserver des espaces dans son mental pour être attentif et à l'écoute de soi et des autres.
C'est aussi choisir de s'adapter aux situations non seulement en écoutant sa raison mais aussi son intuition et son cœur. La motivation repose aussi sur le choix d'utiliser son potentiel d'énergie pour contribuer à la bienveillance et au bonheur.

Ce choix de vie demande une forme de réconciliation avec soi-même. Elle repose notamment sur le fait d'accepter chaque moment de sa vie comme une pierre apportée à l'édifice.

Ce que nous avons perçu comme des agressions, des blessures ou des souffrances fait aussi partie de notre construction. C'est ce qui fait que nous sommes comme nous sommes ici et maintenant.

C'est éclairant aussi de connaître les intentions des personnes qui nous ont entourés. Peut-être que ce que j'ai perçu comme une atteinte à ce que je suis est-il le fait d'une personne qui, elle-même se cherchait. Tâtonnante dans son parcours, elle a fait ce qu'elle a pu… même si c'était bien loin de ce que je pouvais attendre.

Chacun d'entre nous peut ressentir de profondes tristesses ou éclater en de foudroyantes colères par rapport à celles et ceux qui nous ont accompagnés.

On peut aussi choisir de comprendre ce qui a motivé ces comportements et intégrer que ces faits que nous condamnons font parfois partie intégrante de nos propres attitudes et que nous les reproduisons parfois bien malgré nous.

Evidemment, certains faits sont inacceptables. Je peux alors me reconnaître le droit de réclamer réparation.

Je peux aussi choisir de reconnaître l'autre au travers de ses errances et de sa recherche et le considérer comme un autre moi-même qui a contribué à ce que je devienne qui je suis devenu.

J'ai des réserves par rapport à l'idée de pardon car je ne suis pas prêt à accepter l'inacceptable. Je préfère parler de pacification qui est l'état d'esprit qui survient, presque malgré nous, quand une situation prend une autre dimension. C'est le travail de deuil. Quand les émotions ont fait leur œuvre, arrive le temps de la compréhension, de la co-responsabilité.
Alors, je me sens grandi et serein comme si cet épisode avait été indispensable.

QUAND LES ÉMOTIONS NOUS METTENT SOUS PRESSION

Les émotions sont des indicateurs précieux de la vie qui circule en nous.

Je me sens enthousiaste, stimulé, plein de vie, cela indique que mes attentes sont rencontrées dans ce que je vis. Mon quotidien est heureux. J'ai du plaisir à vivre, ce que je partage volontiers avec les autres. Je suis perçu comme une personne bien dans sa peau.

Je suis anxieux, tendu, angoissé, sous pression. Je suis agacé, irrité, pessimiste, contrarié. Je suis démoralisé, malheureux, abattu, débordé. Ces sentiments sont là pour m'indiquer que mon état émotionnel est inconfortable. Je suis dans la peur, la colère, la tristesse. Je suis perçu comme une personne fermée qui « ronchonne ».

Ma météo intérieure me dit simplement que les situations que je rencontre ne répondent pas aux besoins qui sont les miens.

Le premier réflexe est d'accepter cette situation, de ne pas se juger et de s'autoriser à être dans cet état. J'ai souvent rencontré des personnes qui me disaient « Je vais bien, tout va bien » pour se cacher ce mal-être qui les habitait. Les personnes en burn-out que j'ai rencontrées étaient souvent des personnalités enthousiastes, engagées qui n'avaient pas vu le danger qui se profilait devant elles.

Le mal être peut être très passager.

Nous nous trouvons dans une situation difficile. Toutefois, elle n'occupe qu'une part limitée de notre vie : j'ai des problèmes au boulot mais je suis pleinement épanoui dans ma vie personnelle (ou le contraire).

Je viens de connaître une tension importante avec un grand changement dans l'organisation dont je fais partie et aujourd'hui, les choses sont rentrées sans l'ordre et se sont clarifiées.

Mais parfois, le malaise s'installe insidieusement, sournoisement. Je deviens plus labile émotionnellement. Mes émotions s'emballent devant des faits que je trouvais anodins. Je trouve plus difficilement le sommeil. Des somatisations peuvent survenir.

Il est alors grand temps de se poser pour se poser les bonnes questions.

Car nos émotions sont là pour nous avertir que quelque chose ne se passe pas comme nous le souhaitons. Elles nous avertissent d'une menace. Elles émergent d'une partie de notre cerveau que l'on appelle les « territoires reptiliens »... Comme son nom l'indique, il s'agit de la partie la plus ancienne de notre cerveau.

A l'époque des hommes préhistoriques, ces énergies garantissaient la survie. La peur permettait de fuir à vive allure.
Aujourd'hui, la colère nous permet de lutter avec une force qui peut nous surprendre ; l'inhibition nous permet de nous cacher et de disparaître. Nous sommes merveilleusement équipés pour vivre notre vie.

Nous continuons à percevoir les menaces avec la même acuité et à y répondre instinctivement.

Toutefois, ces dangers vitaux sont relativement limités dans notre vie actuelle. Pourquoi donc alors vivons-nous dans le stress ?

Le stress est essentiellement lié à la façon dont nous percevons les choses. Nous avons une grande capacité à imaginer notre vie : à nous « faire des films ». Les scénarios peuvent porter sur ce qui pourrait arriver. « Imaginer que mon entreprise ferme, qu'il n'y ait plus d'argent pour payer les pensions, que la crise emporte mes économies, que l'association qui m'emploie perde son utilité et même que ma maison brûle » ; « Ai-je bien fermé la porte avant de partir ? » etc... Ou sur ce que les autres pensent : « Je suis certain que mon responsable ne sera pas satisfait de mes performances » ou « Que mon compagnon est tendu... »

Tous ces exemples font bien partie de notre quotidien et peuvent être sources de stress.
Il importe d'en prendre conscience. Le stress est une information précieuse. Notre intelligence nous dit que nous percevons la réalité comme hostile. Elle nous signale que notre attitude, notre comportement, nos représentations sont peut-être inadéquats dans la situation que

nous vivons. D'où l'importance pour le flexi-terrestre de s'adapter à son environnement.

Ces tensions peuvent être source de conflits – des conflits intérieurs d'abord – et d'incompréhension. Je peux me poser en victime, considérer l'autre comme un ennemi, perdre de la confiance en moi ou une certaine forme d'estime... En clair, je m'installe dans un mal-être, je perds le plaisir de vivre, j'éprouve de l'anxiété, de l'agressivité ou de l'impatience.

A terme, ces attitudes sont épuisantes.

Le premier réflexe du flexi-terrestre est de revenir illico aux messages que lui adresse son stress.

Qu'est-ce que je souhaiterais pour moi et que je ne trouve pas ? Pourquoi est-ce que je perçois cette situation comme stressante ? Qu'est-ce qui provoque cette émotion chez moi ?
Quels sont les besoins et les valeurs qui sont en jeu ?

La compréhension de l'enjeu est souvent une source de détente. Le « mais bien sûr » que j'entends au milieu d'un coaching permet d'éclairer la signification de la tension. Cette première reconnexion à soi permet souvent de rendre le stress plus supportable... Cela permet de déposer les choses, de les rendre plus claires, de dédramatiser l'émotion.

A partir de là, il est possible d'élaborer des stratégies, d'imaginer des plans d'actions qui permettront de mettre des solutions en chantier.

Petit récit de vie

Mieux se connaître pour mieux s'ajuster.

Cela fait deux ans que Nicole se sent stressée à l'approche du mois de juin, sans parvenir à se l'expliquer. Comptable depuis 15 ans, elle angoisse en juin, à l'approche des vacances, pour le bilan de décembre. Comme elle ne sait pas mettre de mots sur ses maux, elle consulte un coach. Interrogée sur le moment de l'apparition de ce stress, Nicole fait spontanément le lien entre son stress et le départ de ses deux filles pour les études supérieures. C'est alors qu'elle prend conscience que ce qu'elle aime plus que tout c'est prendre soin des autres. Elle aurait perdu cette aptitude au départ de ses filles. Pour Nicole c'est le déclic : « Finalement je suis une assistante sociale. » Afin de rencontrer à nouveau ce besoin, elle envisage une évolution de carrière qui tiendra compte de sa personnalité.

Le flexi-terrestre décrit une situation qui le met sous stress. Il définit les besoins qui étaient en jeu et la raison de la tension. Il élabore alors un plan d'action pour sortir de ce stress.

Que signifie cela pour vous ?

ECOUTE TOUJOURS, TU M'INTÉRESSES

J'aime cette expression qui dit que si nous avons deux oreilles et une bouche, c'est que nous sommes équipés pour écouter deux fois plus que nous ne parlons.

Ecouter, cela semble si simple. Et pourtant... Je rencontre tant de personnes qui concluent une séance de coaching en me disant : « Qu'est-ce que cela fait du bien de se sentir écouté. »

L'écoute est une attitude, une manière d'être, un art qui est caractérisé par la disponibilité. Je choisis d'écouter quelqu'un pendant un temps. Je n'écoute pas par hasard, j'écoute activement.

Cette manière d'être demande de l'ouverture, de la tolérance et une capacité d'accueil de ce qui est et de ce qui se dit.

Cet art suppose une connaissance de soi-même

qui permet de clarifier les attentes qui sont les miennes dans la relation.

C'est le plus beau cadeau que nous puissions faire à un être humain car écouter offre un espace où il peut déposer ce qu'il porte en lui.

> *« Voir, entendre, aimer...*
> *La vie est un cadeau dont je défais les ficelles*
> *chaque matin, au réveil. »*
> Christian Bobin

Le dialogue interne

Parfois, empêtré dans nos propres émotions, nos croyances et dans nos représentations confuses de ce que nous vivons, nous avons simplement besoin de nous parler à nous-mêmes.

Nous sommes notre plus fidèle compagnon dans la vie. Celui qui est avec nous en permanence. « Je me suis dit que... », « Quelle andouille, j'ai été », « Oui, j'ai été bon sur ce coup-là » sont autant d'expressions que nous utilisons dans notre quotidien. Prendre un temps et trouver un espace pour nous dire et nous retrouver n'est pas si simple que cela.

Car finalement, combien de temps prenons-nous pour être à notre propre écoute ? Quand prenons-nous un peu de temps pour exprimer ce qui est juste pour nous ?

Il est profitable de tourner d'abord l'écoute vers soi. De prendre le temps, de se dire, de mettre des mots sur ce que nous ressentons, sur les besoins qui transparaissent dans nos attitudes.

Que suppose une attitude d'écoute ?

Ecouter, c'est accueillir totalement le point de vue de notre interlocuteur sans interprétation et sans jugement.

D'abord, il s'agit de prendre conscience de notre objectif dans l'écoute. Quelle est notre attente dans cette relation ? L'écoute est-elle une façon d'apprendre, d'accueillir, de prendre soin ? Quel est le bénéfice escompté de ces moments ?

« Je l'écoute pour lui (elle) » n'est pas une posture adéquate car j'ai une motivation ; je cherche à répondre à un besoin qui est mien. Le dire permet de clarifier les enjeux dans mon attitude.

Si mon attente est d'apprendre ou de comprendre, cela risque de polluer la relation car je serai inconsciemment tenté d'en savoir plus et, peut-être, de me déconnecter de la demande de mon interlocuteur.

Si mon attente est de prendre soin, il est, là aussi, question de prendre en compte l'attente réelle de mon interlocuteur et non de l'étouffer sous un tsunami de bienveillance.

L'écoute demande d'être congruent. Ce terme a été utilisé par Carl Rogers pour indiquer une correspondance exacte entre l'expérience et la prise de conscience. Il s'agit d'aligner nos motivations, nos ressentis et nos actes.

Savoir pourquoi on écoute et dire ce qu'on attend de l'écoute. Être soi-même, ne pas faire semblant, être présent dans la relation sont autant d'éléments qui contribuent à la qualité de l'écoute.

A une époque d'hyper-connectivité, où le village global est d'actualité, où chaque information du monde est disponible en un clic, la communication nécessite aussi de retrouver le sens du silence.

Souvent, des personnes me disent ne pas supporter ou ne pas aimer le silence. « Je me force à trouver le sujet dont on va parler tout de suite après pour ne pas laisser de blanc, cela m'épuise. »

Redouter le silence est une indication intéressante à propos de l'intérêt qu'il y a à se retrouver seul avec soi-même. Qu'est-ce que nous avons à nous dire finalement ? Quelle est l'écoute que nous nous offrons ? Et quel inconfort vivons-nous à nous retrouver face à ce que nous sommes ?

Le silence nous offre un espace pour laisser le sens prendre sa place.

> *« Lorsqu'il n'y a plus de mots, ne cherche*
> *ni à parler, ni à penser à autre chose.*
> *Le silence a sa propre éloquence.*
> *Parfois plus précieuse que les paroles. »*
>
> Elisabeth Kübler-Ross

Dans les séances de coaching, j'entends « J'agis en fonction de ce que les autres attendent de moi », « J'aime me laisser porter par ce qui m'entoure ». Il ne s'agit pas de juger. La question porte ici sur ce qui peut se passer quand l'environnement se dérobe... « Mon compagnon m'a quittée et je me retrouve perdue ne sachant pas ce que je veux moi-même », « Je viens de perdre mon job et je suis lessivé alors que la question n'est pas uniquement financière. »

L'écoute joue d'abord un rôle de reconnexion à soi. La vie qui va, nos habitudes, les croyances que nous avons développées nous amènent parfois à nous perdre nous-mêmes. Alors que « nous avons tout pour être heureux », nous pouvons nous sentir mal.

Nous pouvons même considérer comme normales des situations qui sont néfastes. « On a toujours fait cela. » Une manière de faire d'un de mes proches, d'un de mes collègues me porte franchement préjudice. Pourtant, je finis par la considérer comme acceptable.

Je peux aussi me tromper moi-même. Une croyance limitante qui m'habite depuis toujours me conduit à des comportements toxiques. Mon contexte me force à penser que je n'y arriverai pas, que je ne suis pas capable de… ou que je dois être le premier, le meilleur… Alors, je sur-joue certaines attitudes et je me mets une grande pression que je reporte sur mon propre environnement.

L'écoute est l'outil dont j'ai besoin pour m'ajuster, donner du sens aux comportements.

L'écoute de l'autre est aussi un bon support pour appréhender ma propre histoire. Au travers des récits que j'accueille, je reçois des éclairages sur mes expériences.

Ecouter l'autre et le comprendre permet aussi de prendre la mesure de sa disponiblité et de ses attentes dans la relation.

LES OBSTACLES À L'ÉCOUTE

Dans mes formations, j'ai souvent le plaisir espiègle d'attendre le premier participant qui terminera la phrase d'un autre. Cela marche presqu'à tous les coups.

Je demande à l'un d'eux : « Quelle est votre attente en venant ici ? » Le participant : « Je veux trouver des outils qui me permettront de mieux communiquer car je suis parent… » ; il hésite et une autre personne s'exclame : « Il a des problèmes avec ses enfants comme tout le monde. » En fait, celui qui se précipite à l'aide de l'autre préjuge qu'il ne saura pas terminer sa phrase seul. « Je voulais l'aider », dira-t-il sans doute lorsque je lui demanderai la raison de son intervention.

Même si l'intention est bienveillante, le résultat peut s'avérer catastrophique. En empêchant l'autre de formuler ses propres propos, il lui interdit de construire sa propre pensée de la situation, de la formuler avec des mots qui sont les siens. Ainsi, son " aide " part en vrille. Il devient intrusif, suggestif.

L'analyse transactionnelle définit plusieurs attitudes que nous pouvons adopter dans notre relation aux autres. Une d'elle est appelée " parent ". Il s'agit de la part de nous qui est dans l'appris, les principes, les convictions voire les certitudes. C'est nous qui savons. Nous allons donc présenter aux autres nos propres recettes de la réussite ou du bonheur. « Il faut faire comme ceci ; tu dois te méfier de cela ; comporte toi comme ceci ; ne fais pas cela. » Cette part de nous est évidemment intéressante. C'est notre manière de structurer notre monde, nos repères. Mais nous sommes tellement persuadés de sa qualité que nous avons tendance à ordonner aux autres de l'adopter.

Cette part de nous est attachante car elle révèle une personne sur qui l'on peut compter, quelqu'un de fiable, souvent inspiré par des valeurs d'honnêteté, d'intégrité, de justice… Toutefois si ce trait de personnalité est fortement développé, nous risquons de devenir moralisateurs, de juger et de pénaliser.

Les bonnes intentions peuvent tourner au vinaigre. Voulant bien faire, nous nous enfermons dans des attitudes directives. Les effets peuvent être désastreux. Nous forçons celui qui nous écoute à adopter notre propos. A fortiori si celui-ci traverse une période de questionnement et de doute.

Sa fragilité le conduira peut-être à "plonger" sur notre solution. Nous nous rendons co-responsables de ce qu'il fera de notre avis. Dans ce cas, nous nous plaçons en position de persécuteur ou de sauveur. Une relation de pouvoir, qui est le résultat inverse d'une relation basée sur la responsabilité et l'autonomie, risque alors de se mettre en place.

L'écoute n'est pas une recherche de solutions. Il arrive qu'en écoutant l'autre, je sois occupé à imaginer les issues, les pistes de résolution des questions. Je peux alors formuler des conseils, donner des injonctions, des menaces : « Moi, je ferais ceci à ta place », « Méfie-toi de cela », « Qu'est-ce que tu imagines ? ». J'adopte alors une attitude inductive ne laissant que peu de place pour amener mon interlocuteur à imaginer ses propres solutions.

Mon émotivité peut me conduire à être dans une forme de « surréactivité ». Rapidement, je vais m'impliquer, commenter. Je perçois des nuances entre mon interlocuteur et moi. Je désire les gommer. Je vais faire la démonstration du bien fondé de mon point de vue, argumenter, donner des exemples, imposer ma représentation de la situation qui est légitime puisque c'est la mienne.

L'écoute peut aussi être polluée par le fait que je me reconnais dans ce que l'autre dit. Ce qu'il évoque me semble si proche de ce que moi-même j'ai vécu. J'ai l'impression que nous nous ressemblons tellement. Je vais alors penser à sa place, conseiller. Je suis alors le repère qui permet d'interpréter ce qu'il vit.

L'écoute peut souffrir de trop de distance. Je sais que nous sommes différents et je manque de confiance en moi. Je pense que nous ne pouvons pas nous comprendre. J'ai peur de l'avis de l'autre, de ses opinions différentes des miennes. Je ne m'ouvre pas et ne porte que peu d'intérêt à ce qu'il dit.

Garder ma place et laisser à l'autre toute la sienne est tout l'enjeu de l'écoute.

Petit récit de vie

L'importance de l'écoute.

Elle ne semble pas heureuse...
Elle ne s'ennuie pourtant ni dans sa vie professionnelle ni dans sa vie privée : elle se sent aimée par un mari sympa et complice de gentils enfants...

Elle évoque divers problèmes de voisinage et se livre bien volontiers quand on l'écoute, tant et si bien qu'elle parle sans discontinuer de choses et d'autres.
Au bout d'une heure et demie de discussions, elle finit par se taire en remerciant d'avoir été si bien écoutée. Deux séances se passent ainsi.

Lors d'une nouvelle séance, le coach l'interroge sur ce qu'il lui apporte en tant que tel, l'objectif n'étant pas seulement d'écouter.
Bénédicte répond qu'elle trouve dans ses séances tout ce qu'elle ne trouve plus chez elle car ni son mari ni son amie très chère, expatriée en Orient, ne l'écoutent plus.

Autrefois elle passait une soirée par semaine à se confier à son amie, à refaire le monde avec elle après le sport. Elle s'est même rendue en Asie pour la retrouver mais comme elle était accompagnée de son mari, elle n'a pas retrouvé l'intimité qu'elle connaissait autrefois avec elle et remarque que la relation entre elles n'est pas plus tout à fait nette.

Parce qu'elle pense que la relation avec son mari va s'interrompre, elle se décide à mettre de l'ordre dans ses idées.

Comme la valeur d'écoute est primordiale et non rencontrée, elle s'interroge sur la relation à l'autre et comment (re)construire cette relation pour rencontrer à nouveau ce besoin.

Elle a compris que la valeur d'écoute est primordiale pour elle et que celle-ci n'est pas rencontrée. Aussi s'interroge-t-elle sur la manière de (re)construire une relation dans laquelle ce besoin serait enfin rencontré.

DIFFÉRENTS NIVEAUX D'ÉCOUTE

L'expérience m'apprend que nous pouvons écouter avec honnêteté à différents niveaux.

Le premier type d'écoute est celui où nous portons intérêt à ce que l'autre dit. Toutefois, l'essentiel de notre attention reste tournée vers nous-mêmes. Nous entendons les phrases que l'autre formule. Mais ses propos nous renvoient à notre point de vue et nous restons principalement conscients de notre pensée, nos croyances, nos opinions, nos émotions ou de notre propre récit du réel. Nous pouvons dire : « Je vous comprends », « Je vois ce que vous voulez dire », « Oui, oui, je vous écoute ». Ce niveau d'écoute est tourné vers celui qui écoute qui cherche à s'emparer de ce que l'autre dit pour confirmer ce qu'il sait déjà. C'est une attitude de fermeture.

Le deuxième niveau d'écoute porte sur les faits que je vais utiliser pour alimenter mon propre point de vue. Je cherche à capter l'attention de l'autre, à recevoir son aval, à satisfaire ma propre curiosité. Je vais exprimer mes opinions, donner des conseils, enquêter dans mon propre intérêt, interpréter et réfléchir par hypothèse.

Cette attitude est fréquente dans notre vie. C'est très bien comme cela d'ailleurs. C'est une sorte d'écoute au quotidien. Quand un collaborateur me demande mon opinion sur un dossier, il est essentiel que je l'écoute pour construire ma réponse.

La troisième écoute est celle qui est concentrée sur un point particulier, un "laser" de l'attention.

Mon collaborateur vit une crise majeure avec un client qui veut le mettre en concurrence. Je me focalise alors sur ce seul point de crise pour envisager les solutions possibles.

Un bébé fait soudain une hausse de température. Il est somnolent. Sa maman se concentre entièrement sur lui. Son attention est totalement focalisée au point d'en oublier complètement tout ce qui se passe autour d'elle.

Deux amoureux sont installés à la terrasse d'un troquet. Ils sont enfermés dans leur bulle: leur attention l'un pour l'autre est totale. Leurs mouvements ressemblent à une danse dont ils partagent la mélodie imaginaire.

Le quatrième niveau d'écoute se construit dans un climat de confiance. Mon attention se porte sur le monde de mon interlocuteur que je découvre au travers de ses regards. Mon écoute lui permet de construire son propre récit, de clarifier ses idées, de visiter ses croyances et leur sens. Cette écoute repose sur le non jugement, le questionnement, l'observation du verbal et du non verbal, et laisse tout l'espace pour dire. Je suis une simple courroie de transmission pour inviter mon interlocuteur à construire son propre récit.
Reste l'empathie qui est une écoute aboutie…

L'EMPATHIE, CONSCIENCE DE LA FRATERNITÉ

L'écoute parfaite est imprégnée d'empathie. Cette écoute repose sur une attention globale de ce qu'exprime mon interlocuteur. Non seulement, je suis en lien avec son récit du réel, totalement attentif au tableau qu'il peint en direct de sa réalité mais aussi, je suis conscient des émotions qui l'envahissent.

Pour moi, l'empathie est sans doute l'attitude la plus aboutie de la communication : offrir une écoute profonde du récit et des émotions qui y sont reliées. Pouvoir comprendre l'autre comme si son vécu était le mien. C'est là sans doute une des clés de la fraternité ou une source de l'amour du vivant...

La nuance entre l'écoute et l'empathie repose sur l'intention. Si les outils sont les mêmes, l'empathie demande une connexion consciente avec ce qui est en moi et me dépasse au-delà de tout : la Vie !

« *Rien de ce qui est humain ne m'est étranger.* »

Térence

La littérature foisonne de définitions et de commentaires sur l'empathie qui est « le » mot à la mode.

Une définition souvent entendue dans mes séminaires dit qu'être empathique, c'est se mettre à la place de l'autre. Ce à quoi, j'aime répondre que c'est un travail tellement important de trouver sa propre place qu'il est sans doute vain de vouloir, en plus, se mettre à la place de l'autre.

Une idée en chemin

Cette idée d'être à la place de l'autre se retrouve dans plusieurs définitions.

L'empathie c'est la « faculté intuitive de se mettre à la place de l'autre, de percevoir ce qu'il ressent ». (Larousse)
L'empathie est aussi définie comme la capacité de ressentir les émotions de quelqu'un d'autre, d'arriver à se mettre à la place d'autrui.

L'empathie cognitive consiste à comprendre les idées d'un autre et l'empathie émotionnelle à partager ses émotions. Ses antonymes sont l'égocentrisme, l'égoïsme, l'apathie.

Etymologiquement, le mot « empathie » vient des mots grecs « em-pathos » qui signifient « dans la souffrance ». C'est une forme de compréhension de ce que vit l'autre.

Parfois, une confusion s'installe avec le mot sympathie qui vient des mots grecs « sum-pathie » qui signifient « souffrir avec ».

Empathie versus sympathie

Pour moi, sympathie et empathie ne sont pas à un même niveau de relation.

L'écoute sympathique implique qu'il y ait un partage de la souffrance et plus largement de l'émotion de l'autre.

Je rencontre un ami qui vient d'obtenir un nouveau poste qui va lui permettre de répondre à des attentes importantes pour lui. Je me réjouis avec lui !

Je suis heureux de le voir heureux.

J'échange avec un de mes enfants qui me fait part de sa grande peur à l'idée de passer un examen dont l'enjeu est important pour ses projets. Je sens le stress qui m'envahit. Je lui exprime des mots d'encouragement. Dans ces situations, il s'agit d'un partage d'émotions. Je suis dans les mêmes ressentis que mes interlocuteurs.

Le partage d'émotions peut apporter une forme de complicité ou de connivence. Toutefois, ce mimétisme émotionnel laisse chacun en l'état. Tu es triste et je le suis aussi; tu es en colère et je le suis aussi… Ce partage ne permet pas d'évoluer, de comprendre et de dépasser la situation.

L'écoute empathique repose, elle, sur une écoute profonde qui permet de comprendre à la fois le vécu au travers du récit et aussi les émotions de la personne avec laquelle je parle. Et, si à ce moment, j'ai mes propres ressentis, je ne les calque pas sur ceux de mon interlocuteur. Je prends une « distance émotionnelle ».

Le lien fraternel

L'empathie est cette écoute qui me permet de comprendre ce que vit l'autre en ce compris ses ressentis comme s'il s'agissait de ma propre histoire.

L'empathie se vit en nuances : elle peut porter sur quatre dimensions : la capacité de comprendre les émotions d'autrui, la possibilité d'avoir une représentation de ses contenus mentaux, la tendance à se transposer en imagination dans différents personnages réels ou fictifs et enfin, la préoccupation de l'autre qui appelle à l'entraide.

> *« Tout être qui a vécu l'aventure humaine est moi. »*
> Marguerite Yourcenar

Cette posture est un cadeau fabuleux que nous pouvons faire à l'autre et à nous-mêmes. Être dans cette conscience que nos histoires sont à la fois singulières ET communes à chacun de nous : nous vivons tous la même vie mais chacun à notre façon.

Quand mon amie me fait part de sa joie de voir son fils réussir son année de terminale, je peux parfaitement comprendre ce qu'elle éprouve à ce moment-là, sans nécessairement entrer dans le même ressenti.

Quand je vois un enfant éclater en sanglots parce que son cornet de glace vient d'échouer sur le trottoir, je peux aussi imaginer la tristesse qui est la sienne… parce que ce qu'il vit, j'aurais pu aussi le vivre… (et d'ailleurs, je l'ai vécu).

L'EMPATHIE POUR L'ENSEMBLE DU VIVANT

Le flexi-terrestre interagit avec les autres et inscrit sa réflexion dans son environnement global.

Et si nous étendions notre empathie à l'ensemble du vivant...

Que se passe-t-il dans la tête d'un animal que l'on conduit à l'abattoir ?
Dans les feuilles d'une plante qui vit dans un univers pollué ?
Que ressent l'arbre qu'on abat ?
Quelles relations entretenons-nous avec le vivant dont nous faisons partie ?

Je sais que le sujet fait débat et met en lumière différentes attitudes. Je suis touché par le développement du végétarisme notamment chez les jeunes générations.
Comme pour chaque évaluation de nouvelles tendances, les chiffres se livrent bataille...

Toutefois, on observe une tendance à la hausse du végétarisme.

Je ne souhaite pas susciter la controverse : je veux seulement inviter à la réflexion.

Comment pouvons-nous imaginer retrouver une forme d'équilibre personnel dans un environnement que nous malmenons ? Même s'ils sont controversés, tous les chiffres vont dans un même sens : nous mettons à mal les ressources que la vie met à notre disposition.

Si chaque être humain sur terre consommait ce que consomme l'homme occidental, notre planète serait bien vite épuisée.
Il est donc impératif d'imaginer d'autres façons de vivre.

Je souhaite aussi aborder la question de la consommation de viande ; en effet, je suis né dans une famille qui a connu les privations pendant la guerre.

Ma grand-mère m'a bien souvent raconté l'histoire de son cochon Musso ainsi appelé en l'honneur de Mussolini !

En ce temps de guerre, il était l'assurance qu'elle et ses proches auraient à manger l'hiver suivant.

Le « bien manger » témoigne aussi du lien social. C'est la raison pour laquelle je fais partie de confréries qui se retrouvent parfois autour d'un repas convivial.

J'ai une profonde gratitude pour tous ceux qui se sont investis pour nourrir l'humanité. Le monde agricole a, en effet, beaucoup travaillé, créé et pris beaucoup de risques pour fournir la nourriture en quantité suffisante. C'est une somme immense de travail. Des milliers de vies humaines ont été entièrement consacrées à cette tâche. Un seul mot jamais assez répété pour tout cela : MERCI !

Actuellement, la période est propice à l'éveil d'une nouvelle conscience du vivant. La plupart des êtres vivants sont dotés de capacité cognitives, d'émotions, du sens de la solidarité.

Les recherches en éthologie nous apprennent que les animaux sont dotés d'une forme étonnante d'intelligence et d'une réelle sensibilité.

Les travaux récents sur la forêt nous apprennent comment les arbres communiquent par leurs racines – j'aime l'expression de « wood wide web » – et sont capables de mettre en place des stratégies de soutien entre eux.

J'entends souvent des discours exprimant un agacement par rapport à toutes ces découvertes : « On ne pourra bientôt plus manger de viande, ni couper des arbres, ni toucher aux herbes qui sont si sensibles... »

Les nouveaux discours sur la consommation suscitent des craintes et des colères chez ceux qui ont trouvé de l'emploi dans ce secteur. Et ces émotions sont légitimes.

Ces propos sont aussi porteurs de sens pour rendre notre vie plus heureuse et plus juste.

Je ne pense pas pertinent de remplacer un extrême par un autre.

La posture la plus juste réside probablement dans la conscience des actes que l'on pose. La chaîne de la vie implique que nous disparaissions et qu'apparaissent d'autres espèces de vie. C'est l'essence même de ce qui nourrit.

Deux pistes sont envisageables : celle de la conscience et celle de l'action.

D'abord, manger de la viande en étant conscients de ce que nous faisons : une vie a été sacrifiée pour que nous puissions y trouver une source d'énergie. Cela peut être une belle fête... encore faut-il en avoir conscience.

Ensuite renforcer par des attitudes citoyennes et responsables les acteurs et les filières qui s'inscrivent dans la dynamique du respect de la nature.

L'empathie qui nous permet d'élargir notre compréhension du monde à tout l'ensemble du vivant est aussi un art de vivre.

Le flexi-terrestre pratique l'empathie dans ses relations à son environnement global. Qu'est-ce qui est confortable pour lui? Qu'est-ce qu'il souhaite faire évoluer dans ses attitudes?

À quoi cela vous encourage-t-il?

EMPATHIE ET ESPACE INTÉRIEUR

L'empathie et l'attitude qu'elle suppose nourriront encore beaucoup de partages, d'échanges, de réflexions. Je suis heureux d'en voir toutes les manifestations d'intérêt qui se traduisent par des formations, des ouvrages, des séminaires.

Développer un intérêt bienveillant et une écoute nourrie d'ouverture demande aussi une attitude mentale qui nous permet de le vivre.

Si notre intention réside dans l'idée d'inviter l'autre à déposer ce qu'il croit, ce qu'il ressent, encore faut-il que nous ayons un espace pour l'accueillir.

Quand j'aborde ces questions dans mes séminaires, j'aime inviter les participants à réfléchir et à parler de leur espace intérieur. Comment l'imaginent-t-ils ? Quelles sont les images, les sons, les émotions, les goûts ou les odeurs qu'ils associent à ce lieu ?

La question surprend souvent.

Puis, le moment de surprises passé, les idées affluent : c'est un jardin fleuri avec des barrières en bois, avec le calme, du désordre, de grandes bulles de couleurs différentes, c'est un voyage à l'intérieur du cerveau, un bazar, un grand soleil sur la mer, c'est une tempête et le grand vent, …

Les représentations ne manquent pas.

Je propose cette réflexion pour clarifier l'état mental nécessaire à l'écoute et à l'empathie.

Moi aussi, je partage l'image de mon jardin intérieur que j'utilise pour créer les conditions favorables à une écoute vivante.

Mon jardin est ouvert sur des paysages divers : prairies, forêts, vallées, rochers, rivières.

J'y ai aménagé quelques espaces.

Un grand banc me permet d'accueillir les visiteurs, de leur offrir l'hospitalité. Un bar bien fourni se trouve à proximité. Je suis totalement disponible à l'accueil, dans la tolérance et la compréhension.

Un coin proche de grands arbres m'offre un refuge. Un abri en bois me donne la possibilité de me retirer, de me protéger des regards, d'observer. J'ai besoin de calme, de sécurité, de protection.

J'ai aussi un petit réduit coupé de tout où j'ai installé un grand fauteuil où je peux m'étendre dans la pénombre, retrouver un espace pour moi seul. J'ai besoin de solitude, de réflexion, de retrouver un sentiment de « reliance ».

Mon jardin est peuplé d'une flore particulièrement variée : il y a de larges étendues d'herbes aux couleurs changeantes, des espaces de fleurs sauvages et des parterres particulièrement soignés. Des chardons et des orties y trouvent aussi leur place. Ce sont des coins moins confortables. Ils font aussi partie de moi.

Mon jardin est très vivant, très réactif aussi, sensible aux brusques changements de météo.

Certains jours, il y fait grand soleil; le vent caresse la peau; il fait juste bon. Le temps est idéal pour inviter un ami, un frère sur le grand banc à s'y installer confortablement et prendre le temps de prendre du temps. Et c'est si bon!

A un autre moment, l'orage s'annonce. Il fait grand vent; les éclairs et les coups de tonnerre occupent l'attention. La pluie tombe avec fracas et les parterres sont lessivés. Les chardons et les orties envahissent l'espace. Il est temps de se mettre à l'abri.

L'hiver y trouve sa place aussi... Tout est recouvert d'une épaisse couche de neige. Il fait froid. La vie est comme en sommeil bien que beaucoup de travail s'y fasse en profondeur. Le temps est venu de se reposer pour nourrir le réveil.

Puis il y a tous les jours d'entre deux où le temps est mitigé, entre ombres et lumières. Je ne sais trop où ce temps va m'amener.

L'originalité de mon jardin, c'est que je suis aussi responsable du temps qu'il y fait. C'est juste intéressant de savoir ce que je trouve dans cette météo que je crée ou ce que je fais des bourrasques qui se présentent à moi.

Quel sens cela a-t-il ? Le mot sens est d'ailleurs ambigü puisqu'il désigne à la fois « signification » et « direction ».

Qu'est-ce que cette météo m'indique en termes de signification et de direction. Quels sont les bénéfices que je trouve à cette situation ?

Quelle est donc la posture qui est juste pour moi à ce moment précis ?

Est-ce l'empathie que je peux offrir à l'autre ou à la vie ?

Ce peut aussi être un chemin vers moi pour réajuster mes attitudes. Il est temps alors d'être à mon écoute et de me réserver de l'empathie.

S'ouvrir à soi avant de s'ouvrir aux autres, se réserver des espaces où se retrouver.

Cette culture de l'écoute conduit aussi à se réserver des moments rien que pour soi. Il est alors essentiel d'informer l'autre de notre état d'écoute.

Il m'est souvent arrivé de vouloir être sincèrement à l'écoute de mes proches sans m'y être préparé. L'intention est bienveillante mais l'effet désastreux. Cette écoute dans l'indisponiblité crée des tensions qui pourraient être facilement évitées dans la justesse.

Petit récit de vie

Quand l'Humain est au cœur de la guérison
Fabienne, « Femme-Médecine »

Fabienne est dans une colère noire. Infirmière dans un grand hôpital, elle est exténuée par une journée de travail et entreprend d'écrire une lettre incendiaire à l'un de ses confrères qui lui aurait imposé un remplacement sans l'en avertir ! Décontenancée par ce manque de correction, elle l'est aussi par sa propre colère qui semble presque démesurée face à une situation banale qui la conduit à s'interroger et à consulter un coach.

Alors que le coach l'interroge spontanément sur la notion de respect qui peut être une piste pour expliquer ce type de conflit, Fabienne ne semble pas convaincue, ne réagit pas spontanément...
Mais lorsqu'elle relate le déroulement de sa journée, elle s'arrête sur le moment où elle a déposé ses enfants à l'école, où elle a été excédée par les klaxons d'impatience qui ne lui laissaient pas le temps de les embrasser. Devant le constat de manque d'humanité de la société dans laquelle elle vit, Fabienne fond en larmes.

Et elle comprend...
Cette femme au parcours brillant semble ne jamais avoir pu réintégrer le mode de société contemporain occidental très individualiste et trop froid pour elle, car, dans ses jeunes années de services, elle a connu l'Afrique où elle a apprécié

une vision du monde moins matérialiste et plus humaine, l'Afrique, où le temps ne s'écoule pas au même rythme.

Sa colère bien légitime serait donc liée à ses attentes dans la relation d'humain à humain et à sa conception de la médecine. En mettant des mots sur ses images mentales, Fabienne renoue avec ces cultures ancestrales, avec ces femmes-médecines et ces traditions où médecine et humain ne font qu'un ; une médecine de la guérison des corps et des âmes, une médecine à visage humain.

CULTIVER NOTRE JARDIN INTÉRIEUR

Prendre soin de soi, c'est vivre au rythme de ses saisons. Connaître les périodes de la journée, des mois de l'année où le terreau est fertile, l'énergie au beau fixe.

Faire l'inventaire de qui peuple notre monde.

Jardiner demande de la patience. Planter en hiver, récolter aux beaux jours.

Un travail de réconciliation avec soi, de pacification intérieure, prendre le temps de renouer avec la joie, la tendresse, la douceur : ce bonheur-là ne coûte rien.

> *« Il est temps de rallumer les étoiles ! »*
> Guillaume Apollinaire

L'hygiène de la conscience ainsi que l'hygiène du corps contribuent à remettre sur le métier notre façon de penser et notre façon d'être au monde. C'est une invitation à mettre fin à une attitude peut-être trop commune : nous mentir à nous-mêmes.

Ce travail peut se faire dans la légèreté. Je ne me sens pas à l'aise avec cette attitude qui voudrait guérir le mal par le mal, que la découverte de soi soit automatiquement liée au retour sur nos souffrances les plus intimes, que la recherche du bonheur passe par des régressions sans fin où ne se termine jamais ce chemin douloureux. Il est possible que des personnes choisissent ce type de démarche. Je n'ai aucun jugement à poser là-dessus. Mais j'invite toutefois à garder son sens critique et à ne pas tomber dans des systèmes qui finissent par emprisonner.

Le choix de la méthode coaching qui part de ce qui se vit, se ressent dans le présent pour créer son futur est lié à de nombreuses expériences.

L'une d'elles est l'expérience de la Communication non Violente dont nous avons déjà parlé. Ce processus est basé sur le travail possible dans l'instant présent. Je me souviens des propos d'un formateur qui m'avait fait sourire : « Si vous voulez être malheureux dans l'instant, avait-il glissé, vous pouvez choisir entre ressasser un passé qui n'a pas marché ou imaginer un futur qui n'ira pas, cela marche à tous les coups. »

J'ai souvent été ému sur le chemin qui m'a conduit vers le coaching. Ce fut même une découverte pour moi de m'autoriser à être triste et à pouvoir l'exprimer par des larmes… J'ai traversé beaucoup de colères et beaucoup de peurs aussi. Et le travail n'est pas fini : je me sens toujours en apprentissage.

Dans le même temps, j'aime beaucoup jeter un regard bienveillant y compris sur les expériences les plus douloureuses. Apprendre à rire de soi, être sérieux sans se prendre au sérieux : un travail à sans cesse recommencer.

L'idée est de nous mettre en position de donner nos propres couleurs à la vie que nous désirons.

LE PLAISIR DE PRENDRE RENDEZ-VOUS AVEC SOI

Dans son ouvrage « Devenir soi », Jacques Attali évoque cette alternative : « Soit, comme c'est le plus probable, les puissants, publics ou privés, ne seront pas à la hauteur des enjeux ; chacun aura alors agi pour suppléer pour lui-même, au moins, à leur impuissance. Soit, au contraire, les hommes de pouvoir se décideront enfin à affronter les enjeux écologiques, éthiques, politiques, sociaux et économiques du siècle. Là encore de deux choses l'une : soit ils échoueront ce qui ramènera au cas précédent ; soit ils réussiront, et nul n'aura rien perdu à s'inscrire par son initiative personnelle, dans l'abondance retrouvée. »

Dans ce constat, il évoque deux attitudes : soit devenir soi, de rechercher, de créer et de vivre ses propres solutions, soit devenir ce qu'il appelle des « résignés-réclamants », c'est-à-dire des personnes résignées à ne pas choisir leur vie et qui réclament quelques compensations à leur propre servitude.

J'aime ces idées qui invitent à la liberté, à la responsabilité de devenir acteur de son propre devenir. C'est le choix d'attitude du flexi-terrestre. Trouver sa place en oeuvrant à un monde bienveillant où la compétition est un mode d'émulation, de motivation basé d'abord sur le fait de se « challenger » soi-même. Nous sommes invités à devenir les entrepreneurs de notre existence. Oser être soi, prendre soin de ce que nous sommes nous amènent naturellement à une posture d'empathie qui nous conduit à prendre soin du vivant dans son ensemble. Nous pouvons alors faire émerger une solidarité basée sur le choix de faire plaisir plutôt que sur la contrainte des règlements.

> « *Soyez heureux, malgré tout, par vous-mêmes, en vous-mêmes.* »
> Guy Rahir

Dans ma carrière de coach, je me suis souvent demandé si je deviendrais le coach de ma seule génération. Née dans les années 60, période de libération de la pensée notamment grâce à mai 68 et au mouvement hippie, ma génération s'est habituée à vivre avec le mot « crise » depuis la première grande crise pétrolière en 1973.

Ma génération qui a grandi avec des parents qui ont connu la guerre et son cortège de peurs, de privations a aussi vu tomber le mur de Berlin et naître internet et les réseaux sociaux.

Elle a aussi et surtout eu l'immense privilège de vivre en paix. Un cadeau inestimable.

La réflexion que je menais sur le rôle des valeurs, de l'alignement était-elle un dernier soubresaut d'une génération gâtée en quête de sens ou pouvait-on y voir l'initiation d'un nouveau mode de pensée dont s'inspireraient les générations futures ?

La réponse est sans doute plurielle, comme toujours. Toutefois, je suis souvent impressionné par la justesse des idées et des demandes de la génération qui débarque dans la carrière professionnelle. Elle réclame souvent la liberté de s'occuper de soi. Nous sommes dans une phase de gestion personnalisée des carrières. Dans les entretiens d'embauche, j'entends des demandes relatives à des aménagements de temps de travail en fonction d'un choix paren-

tal ou d'un choix personnel.
L'ouverture, l'écoute et aussi la fixation de ses propres limites sont à l'ordre du jour.

Les questions de l'éthique, du sens, des valeurs sont plus que jamais à l'ordre du jour aussi. Je sais que mon job de coach me donne un regard déformé sur les faits. En même temps, j'y trouve une vraie énergie, un mouvement de fond dont s'inspire une génération.

Emmanuelle Duez propose une réflexion sur la jeune génération qui me semble en totale adéquation avec ce que je vis dans mes contacts avec ces jeunes qui annoncent le monde de demain.

La génération dite « Y » est celle qui pose la question du pourquoi. Elle est souvent perçue comme celle des enfants gâtés, exigeants, qui ont des demandes immédiates portant sur leur propre confort. Je rencontre avec beaucoup d'enthousiasme une génération qui est dans la justesse. Naître dans un contexte où le savoir est à portée de main grâce à internet, où il devient possible de peser sur le cours des choses à la seule aide d'un clavier ouvre l'esprit à tous les possibles. Je crois que cette génération apporte un nouveau modèle de management en osant la question du pourquoi avant celle du comment, en osant l'exemple plutôt que le statut, en voulant s'épanouir avant de réussir. Elle va choisir et demande à collaborer plutôt qu'à être subordonnée. Elle s'évalue à son aune plutôt qu'à celle des autres.

Quand, aujourd'hui, je suis amené à coacher des équipes avec des acteurs de cette génération et d'autres de ma génération, je me rends compte à quel point leurs planètes sont différentes. Je sens la génération qui arrive comme celle du sens, de l'écologie, de l'universalité.

Petit récit de vie

Un chef de meute virtuel

Manuel a 17 ans.
Entre ses parents et lui s'est installée une drôle de danse silencieuse. Ils jouent au chat et à la souris : quand Manuel occupe tout son temps libre sur son ordinateur pour jouer en réseau, ses parents ont le cheveu qui se dresse sur la tête et ils coupent subrepticement le wifi pour la nuit, etc. Le résultat ne se fait pas attendre, le jeune homme n'éprouve plus aucun intérêt pour l'école ; à la veille du congé de printemps, ses résultats sont en chute libre ce qui semble mettre en péril son année scolaire et compromettre son avenir. Cette situation déstabilise ses parents qui recourent au coaching en désespoir de cause. Manuel semble se venger inconsciemment de leur manque d'écoute en surinvestissant le monde de l'informatique et n'évolue plus alors que dans un monde virtuel. Cas bien actuel, conflit entre deux générations qui ne se parlent plus. Aucune des deux parties interrogées ne semble capable de verbaliser le problème tout en ressentant un grand malaise qui ne fait que s'amplifier.
Grâce au support du coaching qui lui accorde un espace de parole, Manuel confie que les jeux informatiques constituent pour lui une bulle d'air que ses parents veulent lui interdire et qu'il adore s'occuper des autres.
En creusant la question, il apparaît que ce jeune homme s'est découvert sur Internet un rôle

social important, celui d'un « chef de meute » virtuel, qui dirige une équipe internationale d'une cinquantaine de personnes, avec lesquelles il entretient une communication soutenue ; il se passionne pour le parcours des uns et des autres et apprend beaucoup des comportements humains, contrairement aux apparences. Ce garçon si peu motivé par l'école, découvre dès lors qu'il est à la fois capable d'intérêt et d'apprentissage. Pour Manuel c'est un déclic. Il se met au boulot et réussit son année. Depuis il a entrepris avec succès des études qu'il aime.

L'éveil à la conscience de ses capacités au travers de mots l'a transformé ; il s'est donné des objectifs concrets et faciles à atteindre mais il a aussi réussi à réévaluer le comportement global de sa famille.

Le jugement que celle-ci portait sur lui et le dialogue inexistant se sont transformés en une communication positive favorable à l'émancipation de chacun.

L'ALIGNEMENT : UN FIL DU SOL AU CIEL

Le flexi-terrestre est conscient de ses représentations du monde. Il réfléchit aux valeurs et aux moteurs qui l'animent, accueille ses ambivalences et ses contradictions, choisit l'écoute et l'empathie comme outils privilégiés.

Il lui reste maintenant à définir son alignement, trouver sa verticalité, définir son axe.

> « *Mon histoire commence le jour où j'ai décidé de ne plus vivre ma vie comme on remonte un escalator qui descend.* »
>
> Pascal de Duve

La verticalité est ce petit fil invisible qui nous relie du sol au ciel et nous permet d'être bien dans notre peau. Il s'agit de connaître clairement nos besoins, nos valeurs, de comprendre ce qui nous anime et nous procure des émotions vivifiantes. C'est apprendre à formuler des demandes claires au monde qui nous entoure.

L'horizontalité désigne l'environnement, le système dans lequel nous vivons. Elle se rencontre dans nos systèmes familiaux, sociaux, professionnels, philosophiques. Parfois, nous nous laissons enfermer dans des systèmes qui ne nous correspondent en rien. Nous rendons alors le système responsable de notre mal-être : c'est la faute de l'économie d'aujourd'hui, de mon compagnon ou de ma compagne, de mon collègue, de mon manager...

Cette attitude nous éloigne de la responsabilité de notre mal-être. Si nous sommes sincères dans l'expression de celui-ci, avons-nous bien identifié ses causes ? Qu'est-ce que nous voudrions ? Comment faudrait-il que les choses se passent pour que nous nous sentions bien ?

Je me trouve souvent face à des personnes qui me parlent longuement des difficultés qu'elles rencontrent dans leur job ou leur vie familiale. Elles sont tristes ou en colère mais elles ne parviennent ni mettre en mots les raisons de leur mal être ni dire ce qu'elles souhaiteraient. «Je ne reçois jamais de remerciement pour mon travail. C'est intolérable. » Ce propos est insuffisant. Qu'apporterait un merci ? A quel(s) besoin(s) cela peut-il répondre ? Comment la demande a-t-elle été formulée ?

« Cette personne occupe tout mon espace, j'étouffe », « Je ne parviens pas à trouver ma place », « J'ai l'impression d'une pression continue », « Je ne parviens pas à déconnecter », « Je suis perdu », « Je ne me sens pas bien dans mon travail … ». Toutes ces questions légitimes et bien d'autres peuvent être les nôtres durant notre vie. Leur trouver une réponse demande ce travail d'alignement.
Qu'est-ce qui m'amène à me poser cette question ? Quel en est l'enjeu pour moi ? Quelle est la tension liée à cette situation ? Quels sont les besoins qui ne sont pas rencontrés ? Quelles sont les stratégies à mettre en œuvre pour les satisfaire ?

Souvent, des personnes savent exprimer ce qu'elles aiment ou pas… Mais le pourquoi manque. Et c'est sur l'alignement que porte précisément le travail.

Celui qui a un « pourquoi » qui le fait vivre peut supporter tous les « comment ».

Frédérich Nietzche

Cette réflexion demande de visiter une série d'attitudes, de comportements, de réactions que nous adoptons sans trop en connaître la raison. Nous pouvons avoir acquis des réflexes dans certaines situations qui se sont présentées à nous et qui nous ont parfois été bénéfiques et parfois toxiques.

J'aime parler d'une attitude de dépouillement qui nous permet de mieux comprendre certains de nos fonctionnements.

La place des « drivers »

L'identification des « drivers », par exemple, est révélatrice. Un « driver » est une injonction que nous avons intégrée comme une forme de normalité. « Sois le meilleur », « Sois parfait », « Sois réaliste », sont autant de petites phrases qui nous ont été inculquées et qui peuvent avoir un pouvoir important sur notre vie. Nous pouvons en faire des règles de vie qui deviennent oppressantes.

Dans la même idée, des phrases comme « Tu n'y arriveras pas », « Ce n'est pas fait pour nous », « Dans notre famille, on manque de confiance en nous » peuvent être la source de mal-être important.

Dans mes coachings, je rencontre des personnes qui décrivent des ressentis désagréables parce qu'elles ont retenu de ces injonctions qu'elles n'arriveraient pas à réussir leur vie. D'autres qui ont été placées sur un piédestal, condamnées à la réussite ont toujours peur d'échouer. « J'aimerais tant descendre du piédestal sur lequel on m'a placé » est un propos que j'entends.

Les croyances et les fidélités inconscientes

C'est aussi intéressant de laisser du temps à la compréhension de ce qu'il est permis d'appeler des fidélités inconscientes.

Notre famille, notre culture, notre formation, des personnes que nous avons côtoyées nous ont fourni des modèles que nous pouvons avoir reçus comme du prêt à penser. Quelle idée nous faisons-nous d'une vie réussie ? De la vie affective ? De la sexualité ? De notre vie sociale ? Economique ?

« Je suis né dans une famille où prendre soin des autres était central. Je me suis lancé moi-même sur ce chemin et, aujourd'hui, je suis perdu. J'ai tellement donné que je me suis oublié et, de plus, on me reproche dans mon institution de trop en faire. »

« Mon père était un homme de principes. Il m'a appris la force de l'intégrité et le sens de la parole donnée. Aujourd'hui, je me suis empêtré dans des engagements qui ne me conviennent plus et dont je ne sais comment me défaire. »

« Je pense que le besoin de reconnaissance sociale était très important dans mon milieu ; je m'en suis imprégné en menant des actions dont je ne me rendais pas vraiment compte qu'elles n'étaient qu'une recherche de réponse à ce besoin de reconnaissance... Cela ne me correspond plus aujourd'hui. Je suis perdu. »
« J'ai cette croyance qu'il faut travailler dur

pour réussir dans la vie. Je m'égare dans mon travail. Je vis dans un mal-être important. J'ai l'impression d'avoir perdu tant de temps. J'y ai laissé ma vie de famille. »

Dans ces périodes, c'est le moment de s'interroger sur ces croyances.
Sans cela, nous pouvons aller vers des moments de crise dont nous ne pourrons sortir qu'avec fracas.

« J'en ai marre de m'occuper des autres. »
« Je vais tout envoyer promener. »
Ou pis encore : « Après tout ce que j'ai fait pour eux. »

Le don de soi, le sens de la parole donnée, la reconnaissance, le travail sont des valeurs et des attitudes importantes. Ce qui importe est de savoir quelle place nous souhaitons leur donner dans notre vie. Retenir que ce qui a été déposé en nous l'a été, maladroitement peut-être, mais sans doute avec bienveillance. Les personnes qui nous ont proposé ces modèles projetaient sans doute sur nous ce qu'elles pensaient être bon. Ce qu'elles-mêmes auraient sans doute bien aimé être ou pas.

La question porte sur le fait de savoir comment être juste avec ce bagage. De quelle façon ces modèles me touchent-ils ? Comment ai-je envie de les intégrer dans mes attitudes quotidiennes ?

C'est aussi intéressant de voir comment nous pouvons parfois être nos propres saboteurs en laissant une place importante à ces parts de nous-mêmes qui nous répètent sans cesse que nous n'y arriverons pas.

Quel bénéfice trouvons-nous dans de telles attitudes ?

Le syndrome de l'imposteur est aussi intéressant à visiter. C'est cette part de nous qui nous rappelle que le jour où les autres se rendront compte de nos limites, cela se passera mal pour nous car nous ne sommes vraiment pas à une place méritée. La question du bénéfice de ce type d'attitude mérite aussi d'être posée.

La position « méta » pour soi

La communication systémique, c'est-à-dire l'analyse qui porte sur les interactions entre l'individu et son environnement, initie l'attitude de méta-communication.

Il s'agir de choisir une posture qui nous place « au-dessus » ou en observateur de notre propre communication.

Par exemple, j'ai une difficulté pour vivre ma relation avec mon amie Anouck. Je ne comprends pas ce qu'elle me dit. Je suis étonné par son attitude que je perçois comme distante. Voici un mois qu'elle ne m'a plus donné de nouvelles alors que nous avions pris l'habitude de nous appeler chaque semaine.

Face à cette situation, je peux construire un scénario qui n'appartiendra qu'à moi et imaginer tout ce qu'Anouck veut me signifier dans ces changements d'attitudes. Je vais alors m'enfermer dans des pensées limitantes, des jugements.

Je peux aussi convenir avec Anouck de méta-communiquer sur cette situation. C'est-à-dire de convenir d'un lieu où nous rencontrer et d'une période de temps pendant laquelle nous allons nous expliquer sur notre communication. Un peu comme si nous prenions une caméra pour filmer ce que nous vivons et prendre cette distance qui permet d'exprimer ce qui est ou non rencontré dans la relation.

La méta-communication peut aussi être utilisée dans la question de la relation à soi-même. Décider d'un temps et d'un espace pour devenir l'observateur de qui je suis.
En quoi ce que je vis correspond-il à ce que je veux être ? Quelle est la place que je laisse à mes rêves d'enfant ? Qu'est-ce qui me rend heureux et qu'est-ce qui me pèse ? Quelles sont les relations qui me portent et quelles sont celles qui sont difficiles pour moi ? Et pourquoi ?

La démarche ne consiste pas à rêver d'une existence éthérée. Notre incarnation est aussi porteuse de chaos. La vie n'est pas un long fleuve tranquille. La tristesse, la colère, la douleur sont autant d'apprentissages qui font partie du chemin même si c'est vraiment mieux de les éviter autant que possible. En même temps, prendre ce temps permet de faire un bilan de notre énergie. Est-ce que ma vie m'apporte suffisamment de bonnes choses ? Ou suis-je gentiment occupé à m'épuiser ?

Nous sommes parfois notre meilleur ennemi en nous interdisant de voir que d'autres voies sont possibles. La réalité est surtout intéressante au travers des points de vue que nous choisissons d'adopter sur elle.

Je pense notamment à des situations de licenciement. Des personnes arrivent en coaching après un licenciement. Elles sont en colère, maudissent le système, leur entreprise. Elles s'enferment dans des attitudes de colère ou de tristesse. Leur faire prendre de la distance et les accompagner à être témoins de leur propre histoire les amènent, après une période de deuil, à envisager leur avenir sous un jour totalement nouveau.

Des situations similaires se présentent dans des périodes de doute, de réorientation, de questionnement sur le sens de sa vie.

J'entends souvent des phrases comme : « Ce licenciement est la meilleure chose qui me soit arrivée », « Cet épuisement est arrivé à point nommé », « Cette maladie m'a ramené à l'essentiel. »

La verticalité n'est pas une posture figée

Ce chemin vers soi ne connaît pas de repos. Chaque jour réserve son lot de surprises, de découvertes de parts de moi qui viennent nourrir ou remettre en cause ce que je suis et ma manière d'être au monde. C'est la vie qui m'invite à danser dans cette énergie fabuleuse qui m'habite.

> *« Nous les quelques privilégiés qui avons gagné la loterie de la vie contre toutes les probabilités... »*
> Richard Dawkins

Être dans la verticalité est une posture, un état d'esprit qui nous conduit vers plus de justesse, de clarté dans nos attitudes et nos choix. C'est cela qui nous permettra de choisir un job ou de nous réorienter, de recadrer nos relations ou de mettre fin à certaines autres. Il ne s'agit pas nécessairement de juger le comportement de l'autre mais simplement d'exprimer le fait que ses attitudes ne correspondent pas à ce que nous attendons, nous, dans notre quotidien.

Petit récit de vie

Hélène face à elle-même
S'autoriser à être soi

Hélène est une éminente professeur de philologie germanique qui s'est attelée toute sa vie à appliquer un cadre, tant dans sa vie professionnelle que privée : une vie de rigueur et de travail qui laisse peu de place au loisir.

La relation entre le coach et Hélène ne parvient pas à s'installer vraiment, tant celle-ci reste coincée dans un canevas normatif, convaincue de trouver des recettes prêtes à l'emploi pour mettre des mots sur ce qu'elle vit : à la veille de sa retraite elle s'inquiète de l'avenir. Que faire de ce nouveau temps libre ?

Lors de séances de coaching, il y a un réel tiraillement entre eux deux.

En effet, quand on lui parle de lâcher prise, de subjectivité du regard, on n'obtient pas de retour : elle se retranche derrière les règles, les normes, la précision. Hélène est alors naturellement interrogée sur cette précision dont elle a tant besoin et finit par comprendre qu'elle ne se sent, en fin de compte, pas si bien avec toutes ces normes.

Cela déclenche enfin une réflexion sur le fonctionnement familial dans lequel elle a vécu et a cru se reconnaître des années durant mais qui la fait souffrir. Hélène a, en effet, choisi sa carrière et sa vie en réponse à une éducation très stricte et à l'attente de ses parents.

Mais au fond, c'est une personne qui aime l'humour et la détente, qui ne s'est jamais autorisée à vivre en fonction de ses désirs.

Elle ne s'est pas vraiment écoutée.
Car elle a reproduit cette même éducation sur ses propres enfants, ce qui engendre des conflits très importants au sujet de la norme qui la rendent malheureuse.

Elle sort du coaching ravie, bien décidée à profiter des joies de la vie.

Le flexi-terrestre s'interroge sur ses croyances, ses « drivers ». Il cherche à épurer le fil qui le relie du sol au ciel...

Quelle part de vous est touchée par cette démarche ?

SITUATION ACTUELLE, SITUATION DÉSIRÉE

Entamer une réflexion sur un projet de vie ou son avenir professionnel, c'est d'abord (se) poser les bonnes questions.

L'accompagnement permet de passer d'une situation actuelle à une situation désirée.

Le travail commence donc par une compréhension la plus complète de la situation actuelle.

L'habitude nous conduit parfois à considérer comme « normales » certaines situations qui sont stressantes, difficiles à vivre à cause de relations conflictuelles ou toxiques qui ont fini par faire partie de notre quotidien.

Des relations, satisfaisantes un temps, peuvent aussi évoluer vers des tensions. Je peux donc vivre un mal-être important sans nécessairement prendre conscience des raisons de celui-ci.

Poser les bonnes questions permet de mettre en lumière ce qui est en jeu dans ma situation actuelle. D'autant que cette dernière est toujours confortable, non pas parce que j'y suis heureux mais parce que je la connais. Qu'elle m'apporte une forme de sécurité suffit parfois pour me maintenir en état de souffrance.

Certains changements que nous décidons dans nos vies nous font oublier la tension que nous ressentions et quitter notre situation avant d'en avoir précisé les raisons. Les déboires viendront plus tard si nous revivons la même situation.

> *« Quand on part, on s'emmène avec. »*
> Ivy Meura

Un de mes coachés connaît des relations compliquées avec son manager. C'est aussi la même difficulté relationnelle qui l'avait amené à quitter son emploi précédent. Pourtant, cette relation s'était bien passée pendant plusieurs années avant de s'envenimer rapidement. Cette personne est mal dans sa peau. Après avoir fustigé son employeur précédent, elle se retrouve dans une situation similaire. Je l'ai interrogée sur ce qui avait perturbé sa relation précédente ; réflexion faite, elle se plaignait d'étouffer, de ne pas pouvoir prendre d'initiative, de n'avoir aucune possibilité d'actions. Rapidement, elle commence à nommer ce qui lui manque : bénéficier d'autonomie et pouvoir faire preuve de créativité. N'ayant pas pris conscience de ces aspirations nouvelles dans son travail, elle a quitté un job sans avoir pu les formuler et s'est fourvoyée dans une situation nouvelle qui ne lui correspond pas mieux.

Le questionnement va permettre de clarifier non seulement ce que je trouve dans ma situation actuelle mais aussi ce qu'il m'y manque. Si je reste quelque part, c'est que j'y trouve un bénéfice.
Je suis touché par des coachés qui me disent, presque à demi-mots, qu'ils sont mal à l'aise de rester dans un job où ils ne trouvent plus que leur salaire même s'il est évidemment essentiel de veiller à sa sécurité économique…

Aux questions : « Quel bénéfice avez-vous à rester ? », « Que trouvez-vous dans cette situation ? », certaines personnes disent n'avoir aucune raison de rester ou ne savent pas nommer ce qui les retient. Pourtant, c'est essentiel !

Thibault, un jeune ingénieur commence une carrière dans une société multinationale. Le contenu de son travail lui plaît. Il entre dans une activité qui correspond assez bien à ce que son environnement familial imagine. Il trouve des réponses à ses attentes en terme d'encadrement, de curiosité intellectuelle, de reconnaissance et un salaire confortable qui le sécurise.

Les années passent. Puis, une tension s'intalle lentement dans le travail ; les relations professionnelles deviennent irritantes. Le mal-être s'installe aussi doucement dans le cadre familial. En fait, Thibault se plaint de la lourdeur hiérarchique, du manque de réactivité de ses collègues et de ses supérieurs. Il exprime clairement les faits qui ne lui plaisent pas mais ne sait pas encore nommer le pourquoi. Le questionnement lui permet de clarifier ses nouvelles attentes : liberté et affirmation de soi. Il est issu d'une famille où la valeur de respect tient une place prépondérante. Il en a tiré un sens de la rigueur, du cadre, de la précision qui

lui a été très utile dans son parcours d'apprentissage mais qui a étouffé en lui d'autres aspirations qui se révèlent maintenant...
Si Thibault quitte son job pour trouver la liberté à laquelle il aspire et qu'il perd sa sécurité, rien ne sera résolu. La tension restera la même pour d'autres raisons.

Passer d'une situation à une autre a du sens si je trouve des réponses à tout ce qui fait sens pour moi dans la situation nouvelle. En ce qui concerne Thibault, il veillera à trouver le cadre, la stimulation intellectuelle, la sécurité et aussi la liberté et l'affirmation de soi.

A ce stade, je souhaite attirer l'attention sur la nécessité d'aller au bout de la réflexion sur les bénéfices de la situation actuelle. Je sais, par expérience personnelle et par des coachés que j'ai accompagnés dans ce travail, à quel point la tentation est grande d'entamer rapidement un plan d'actions : prendre des décisions, actualiser son CV, se mettre en chemin.

Si je mets l'accent sur ce qui est inconfortable dans ma vie, je risque fort de vouloir tout quitter du jour au lendemain. Si je me concentre sur ce que je trouve plutôt positif, je peux aussi ne rien changer. Je crois utile de laisser du temps au temps, de bien peser le pour et le contre.

C'est un reproche que je pourrais faire à certaines formations dites de développement personnel qui délivrent des outils qui peuvent être très déstabilisants. Apporter des outils de communication qui permettent de se poser les bonnes questions est une chose, éveiller aux avantages et aux risques de ce type de démarche en est une autre.

Un changement, une évolution impliquent aussi une démarche de deuil. Ce n'est pas simple de quitter une entreprise ou un projet où l'on a des collègues mais aussi des amis, un job qui présente des aspects plaisants, une sécurité financière. Les questions sont aussi bien plus impliquantes quand il s'agit de faire évoluer une vie affective, amoureuse ou familiale.

L'expression « coaching de vie » me laisse perplexe. Mon propos n'est pas de juger ceux qui s'investissent dans cette démarche. C'est plutôt d'attirer l'attention sur les précautions nécessaires. Accompagner et partager des outils n'autorisent pas à être dans le conseil ou de projeter ses propres solutions. C'est essentiel pour chacun de rester critique, libre d'accepter ou de rejeter certaines pistes.

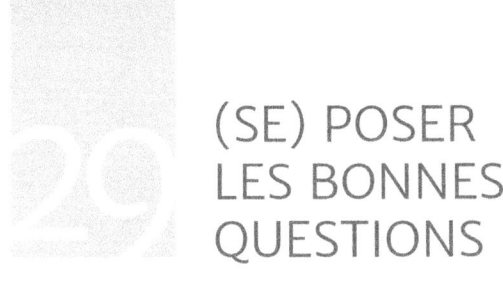

(SE) POSER LES BONNES QUESTIONS

(S e) poser des questions est une méthode pour réfléchir. Une bonne question, permet de clarifier la pensée, d'évaluer les idées existantes et d'en créer d'autres. J'aime cette expression : « Ouvrir le champ des possibles. »

On appelle questionnement socratique la technique didactique où l'on pose des questions dans le but d'aider les autres à apprendre. Cette dénomination provient de la façon d'enseigner de Socrate, au Ve siècle avant notre ère.
Le questionnement socratique exige d'écouter très attentivement l'interlocuteur pour lui permettre de formuler une question constructive qui favorisera l'accompagnement.

Les questions dites « ouvertes » vont conduire à la stimulation de la réflexion, à davantage de clairvoyance, de discernement. Les questions ouvertes sont celles qui commencent par : Qui ? Quoi ? Où ? Quand ? Comment ? Combien ? Pourquoi ?

Les questions dites « fermées » appellent une acceptation ou un refus : oui ou non. Les réponses sont donc peu fécondes. Elles peuvent toutefois être utiles en fin de réflexion, au moment de poser des choix.

Je pense qu'il est utile de doter d'un éventail de questions sa trousse à outils. Questions à proposer à son entourage pour clarifier les représentations des choses ou à se poser dans nos postures de vie.

Je vous propose ci-dessous une liste d'exemples de questions. Servez-vous !

Je vous invite doucement à déguster ces questions, à les visiter pour découvrir ce qu'elles éveillent en vous ou ce qu'elles pourraient éveiller pour votre entourage. Les questions ont cette vertu particulière d'éveiller ou de réveiller, de susciter ou de ressusciter.

Questions sur la situation actuelle
- Vous évoquez la difficulté de (…); qu'avez-vous envie de faire avec cela?
- Vous dites que vous voulez (…), que cela signifie-t-il pour vous?
- Qu'est-ce qui aurait pu faire que cela se passe différemment?
- Comment, sur une échelle, de 1 à 100 mesureriez-vous votre sentiment d'efficacité face à cette situation?
- Quelles sont les conséquences de ne pas savoir dans cette situation?

Questions sur la situation future
- Vous êtes face à une balance avec deux plateaux; comment pourriez-vous équilibrer la balance?
- Si aujourd'hui vous deviez recommencer une réunion/une discussion/etc., que feriez-vous différemment?

Questions sur les croyances et les jugements
- Si vous aviez été à la place de l'autre, qu'auriez-vous pensé?
- Pour quelles raisons pensez-vous que (…)?
- Quels bénéfices cette réponse « Je ne sais pas » vous procure-t-elle? »

- Quel pouvoir ce « je ne sais pas » vous procure-t-il ?

Questions sur les faits
- Que s'est-il passé ?
- Comment se fait-il que vous ne sachiez pas ?
- Si ce n'est pas vous, qui le sait ?

Questions sur les émotions
- Qu'est-ce qui vous fait dire aujourd'hui que vous ne vous sentez pas bien/vous vous sentez dépassé/vous vous sentez en colère/etc. ?
- Comment vous sentez-vous quand vous racontez cela ?
- Qu'est-ce qui pourrait faire que vous soyez plus (serein, confiant, rassuré, etc.) ?

Questions sur les valeurs
- A quoi cela répond-il chez vous ?
- Vous parlez de (valeur) ; pouvez-vous en dire plus à ce sujet ?
- Est-ce important pour vous ?
- Si vous parlez de (nom d'une valeur), Qu'est-ce cela représente pour vous ?

Questions pour évaluer
- De quoi auriez-vous envie de parler maintenant ?
- Qu'avez-vous envie de dire maintenant ?
- Que retenez-vous de ce vous avez dit jusqu'à présent ?
- Avec quoi repartez-vous ?

Questions pour clarifier
- Qu'entendez vous par...?
- Quelle est votre difficulté principale ?
- Je ne suis pas certain de bien vous comprendre ; voulez-vous dire que... ou bien que...?
- Pourriez-vous me donner un exemple ?

Questions pour formuler des hypothèses
- Que supposez-vous ?
- Que suppose X ?
- Quelles suppositions pourrions-nous faire à la place ?
- Pourquoi avez-vous basé votre raisonnement sur... plutôt que sur...?

Questions pour les raisons et les preuves
- Pouvez-vous nous expliquer vos raisons ?
- Comment ceci s'applique-t-il à notre cas ?
- Que pourriez-vous répondre à une personne qui dit que... ?
- Par quel raisonnement êtes-vous arrivé à cette conclusison ?

Questions sur les opinions ou les points de vue
- Quand vous dites..., en concluez-vous que ...?
- Si cela se passait, quelles en seraient les conséquences ?
- Quel effet cela pourrait-il avoir ?

Questions sur les implications et des conséquences
- Comment peut-on découvrir que...?
- Comment pourrait-on améliorer cette question ?
- Cette question est-elle claire ? Comment la comprenons-nous ?
- Est-il facile ou difficile de répondre à cette question ? Pour quelles raisons ?
- Pour quelles raisons ce sujet est-il important ?

Le flexi-terrestre prend l'habitude de (se) poser des questions dans le calme et la bienveillance. Il crée sa trousse de questions.

Quelles sont les principales questions que vous avez envie de (vous) poser ?

CHOISIR C'EST CRÉER

Le questionnement nous conduit à poser des choix.

Un croyance populaire affirme que : « Choisir c'est renoncer. »

La démarche de coaching apporte la fraîcheur de dire que choisir, c'est créer, imaginer, ouvrir d'autres futurs, rendre possible.

Pourquoi renoncer et ne pas créer un style de vie qui me permette de trouver des réponses à l'ensemble de mes attentes ?

C'est une façon de me réconcilier avec moi-même.

Pourquoi vivre libre empêcherait-il de trouver la sécurité ? Pourquoi le besoin d'indépendance interdirait-il de tisser des liens forts et durables ? Pourquoi la loyauté ou l'honnêteté ne laisseraient-elles pas la porte ouverte à l'évolution de mes points de vue ?

Le fait de clarifier mes attentes permet de les nourrir ailleurs et de m'offrir les meilleures conditions possibles pour trouver en d'autres lieux ou d'autres moments des réponses à ce qui m'apporte du confort.

Emmanuel est chef d'équipe dans une entreprise industrielle. Organisé, ingénieux, animé d'une belle envie de rendre service, il est reconnu et reçoit un salaire qui lui permet de choyer sa famille. Quand je commence le coaching avec lui, il pense quitter son job qu'il trouve ennuyeux, répétitif, routinier. Rapidement, il me dit que ce sont les lourdeurs liées aux procédures de cette importante entreprise internationale qui lui pèsent. Plus de légèreté, de mouvement, de créativité lui plairaient. Ce qui est totalement impossible dans son métier.
Il me parle alors de sa passion de toujours pour les véhicules anciens… Acquérir une épave et la remettre en marche, démonter le moteur pièce par pièce, briquer la carrosserie, trouver les cuirs pour les sièges, toutes ces perspectives lui mettent le sourire aux lèvres. Il décide d'en faire

un nouveau passe-temps. C'est alors que change son discours sur son travail. Il commence à dire que le boulot à l'entreprise n'est pas si pesant que cela : son nouveau passe-temps lui permet de trouver la légèreté à laquelle il aspirait et de trouver ainsi son équilibre.

L'esprit du coaching est de formuler des « et » là où le sens commun proposerait des « ou ».

Petit récit de vie

A chacun ses contradictions
Monika est une vraie girouette

Cela fait dix ans qu'elle change sans cesse de travail. Dès qu'elle lit l'offre d'un emploi stable qui semble répondre à ses attentes, elle ne peut s'empêcher d'y répondre. Mais voilà : à peine quelques mois plus tard, une fois installée dans sa nouvelle fonction, elle commence à s'ennuyer ; lassée par la routine, elle se sent étouffer et se met en quête d'une nouvelle expérience. Monika est déchirée entre le désir de faire une belle carrière stable, de s'assurer confort et aisance de vie et l'envie d'être ailleurs, de ne louper aucune autre opportunité d'émancipation, de rester libre.

Elle ne le sait pas encore mais, en réalité elle est tiraillée par une contradiction bien évidente : étancher sa soif de liberté en répondant à son besoin de partir et satisfaire son besoin de reconnaissance, d'appartenance et de conviction.

Lors de séances de coaching, où elle a pris conscience de cette contradiction, elle s'est rendu compte qu'elle l'étendait aussi à sa vie privée. Ainsi le comportement tout entier de Monika est une stratégie : elle cherche comment rester libre dans un endroit où elle se sent « appartenir ». Comment organiser sa vie en n'étant plus tiraillée par cette contradiction mais en l'acceptant ?
La réponse très personnelle appartient à Monika.

Nous ne sommes pas un ou son contraire mais un ET son contraire.
C'est une belle écologie de vie de nommer ses contradictions, de les assumer et de les cultiver.

SAUCISSONNER LE DINOSAURE

Le questionnement nous invite à clarifier nos idées, à mettre des mots sur nos ressentis, à poser les choses. J'entends souvent dans les séances de coaching des expressions comme « Je suis perdu », « C'est insurmontable », « Je n'en sortirai jamais », « Je n'y comprends plus rien ».

Je propose alors de « saucissonner le dinosaure ».

Cette expression illustre ce que le questionnement apporte dans la « dédramatisation » d'une situation. Déposer ce que j'ai dans la tête et le cœur permet de faire une avancée importante.

Quand les tensions se font jour, nous avons tendance à devenir des extraordinaires scénaristes de film ! Tout se mélange, se confond, s'entasse et devient de plus en plus

confus. Les émotions sont de moins en moins identifiables.
Je suis toujours touché quand des coachés me disent, comme rassurés : « Je ne suis pas le seul dans ce cas, alors », « Je me sens déjà mieux »... Cela fait partie de notre aventure d'humain.
Les questions aidantes dans ces moments-là portent sur les faits : « Que s'est-il passé ? » « A quel moment, avez-vous ressenti cela ? »

Une tension vive, tellement forte que l'ensemble de l'équipe s'en ressent, règne entre un père et son fils dans une entreprise. Se rejoignant sur l'idée que ça ne peut plus durer, ils décident de commun accord de faire appel à moi.

Je les écoute d'abord séparément. Les thématiques abordées sont multiples : conflit de générations, vision différente du management, avenir du secteur économique, choix stratégiques... Tout est abordé sauf la raison de leur conflit dont ils s'étonnent d'ailleurs se souvenant des nombreuses années où ils ont travaillé dans une étonnante complicité.
C'est alors que le fils se souvient d'une discussion sur l'opportunité d'un investissement. L'échange était tendu. Le père y a mis fin suite

à un appel urgent. Le sujet n'a plus jamais été abordé car le quotidien était bien rempli. Le germe du conflit était installé... Revenir sur ce fait a permis de relativiser leur opposition. Leurs conclusions étaient identiques : « Pourquoi s'est-on fait tant de mal pour si peu ? »

POUR EN FINIR AVEC UNE CERTAINE IDÉE DU MÉRITE

« Nous sommes à 100% responsables de nos besoins et de nos émotions » nous dit Marshall Rosenberg dans le processus de communication non violente.

Lorsque j'ai entendu cette phrase, j'ai été profondément choqué car, dans ma vie, il m'est arrivé de ne pas me sentir autorisé à agir librement parce que j'étais incapable de m'opposer aux principes qui m'avaient été inculqués et aux valeurs que véhiculait mon entourage dont, évidemment, je n'étais pas responsable.
Peut-être d'ailleurs serait-il plus juste de dire que cette éducation m'avait été proposée plutôt qu'imposée...

Toutefois, parvenu à l'âge adulte, je suis libre de considérer ces valeurs et ces principes comme bon me semble.

Non seulement cette façon de voir me libère mais surtout, elle me rend responsable de mes choix, de mes émotions ainsi que des réponses que je cherche et trouve à mes besoins.

Ainsi, c'est donc à moi seul qu'incombe la responsabilité de mes choix : faire des études et les réussir, mener une carrière professionnelle, fonder une famille et lui donner les moyens d'exister économiquement et socialement...
Si je peux m'en reconnaître un certain mérite, celui-ci ne peut valoir que pour moi et je n'ai aucune reconnaissance à en attendre des miens qui ne m'ont rien demandé.
Car j'entends certains me dire que la réciprocité est une valeur, qui pour eux est source de motivation.
S'il en est ainsi, il faut impérativement le préciser à son interlocuteur.
Sinon, il faut absolument éviter de faire porter une créance morale à ceux qui ne nous ont rien demandé et bannir, une fois pour toutes le « Après tout ce que j'ai fait pour toi... »

PARLONS D'OBJECTIFS

Fixer l'objectif s'inscrit au cœur de la démarche d'accompagnement. C'est la raison d'être d'une séance. Le début de l'entretien est souvent marqué par ces questions : « Qu'est-ce que je peux faire pour vous ? », « Qu'est-ce que vous êtes venu chercher ? », « Que faudrait-il qu'il se passe dans ce coaching pour que vous soyez satisfait ? »

C'est presqu'une question à se poser dans la vie quotidienne et pourtant…

Définir ses buts permet de créer son futur, d'ouvrir le chantier des possibles, de se mettre en réflexion et en mouvement et d'exprimer ses choix. Au début de ma formation de coach, la détermination de l'objectif me semblait une démarche simple, évidente, rapide. Il me suffisait juste de savoir ce qu'en fin de compte, je voulais.
Mais les interrogations qui portaient sur mes

objectifs à devenir coach m'ont posé une foule de questions auxquelles je ne m'attendais pas. Elles me servent encore aujourd'hui de repères.

Quelle était donc ma motivation à devenir coach ? Qu'allais-je chercher dans cette profession ? A quels besoins cela répondait-il chez moi ? Quelle était l'histoire que je souhaitais écrire en prenant ce tournant professionnel ? Bref, cette démarche qui me semblait simplement tournée vers la recherche du bien commun suscita une profonde remise en question du sens de ma vie.

Parler de ses objectifs repose sur la connaissance, la découverte de ses attentes, des valeurs qui sont en jeu, de ses croyances, de ses préjugés et de ses différents paysages mentaux.

Il arrive que nous nous arrêtions à un objectif qui relève, en fait, d'un plan d'actions.
Dans le déroulement de la séance, l'entretien révèle rapidement de nouveaux enjeux.

« J'ai envie de changer de job » devient le désir de réorientation globale d'une carrière.
« Je souhaite repenser la communication

de mon entreprise » se transforme en une réflexion éthique sur l'avenir.

« Je souhaite réfléchir à l'activité de mon centre médical » devient le besoin de la rédaction d'une charte de valeurs dans la relation aux patients.

« Je souhaite améliorer mes relations avec mon manager ou mes collaborateurs » se transforme en un besoin d'autonomie.

« Mon objectif est de trouver des outils pour gérer les conflits dans mon équipe » se traduit par un grand besoin de sérénité et de paix.

« Nous allons concevoir un nouveau programme pour notre centre culturel » se transforme en projet de changer toute l'organisation de la maison.

Le mot « creuser » est souvent utilisé pour illustrer cette partie de la réflexion. Quel est le fondement de cette recherche ? Quelles sont ses sources ?

La démarche clarifie. Elle est souvent l'occasion d'une prise de conscience.

Le véritable objectif porte sur les valeurs que nous voulons rencontrer.

> « *Celui qui n'a pas d'objectif est certain de ne pas l'atteindre.* »
>
> Pierre Dac

« Finalement, me glisse un patron, derrière l'envie de m'investir dans une entreprise plus humaine se niche un élan de contribuer au bien-être. Je n'avais jamais exprimé cela de cette façon. J'ai si souvent géré approximativement, en fonction de mes seules croyances. J'ai transformé cette attitude en devoir. J'ai ainsi créé, dans mon entourage, une tribu d'obligés avec qui j'entretiens des relations tendues basées sur des obligations imaginaires réciproques. »

Cet exemple révèle la nécessité de toujours comprendre le sens de nos actions. Ces dernières peuvent être considérées comme des stratégies, c'est-à-dire des réponses à des besoins que je n'ai peut-être pas encore pu nommer.
Je souhaite arrêter de fumer. Tant que je le ferai sous la pression de mon entourage ou de la communication anti-tabac, je poursuivrai mon objectif sous une contrainte qu'il me

sera sans doute difficile de supporter. Par contre, si j'imagine et exprime que l'arrêt du tabac m'apportera le plaisir de mieux respirer, d'améliorer mon bien-être en même temps que cela rendra mon entourage plus heureux, cette idée m'apportera de la satisfaction et donnera plus de force à mon objectif.

Nos buts ont des origines plurielles.

L'envie de trouver un travail qui me correspond mieux ; le souhait de réorienter ma carrière vers un autre secteur ; le besoin de comprendre ce qui gouverne mes relations à l'autre ; le besoin de comprendre l'impression que je donne d'être une personnalité brouillonne, agitée, nerveuse, froide, excessive, intrusive, dérangeante…

Mon entourage tient-il à mon sujet des propos qui ne me semblent pas justes ?
Pourquoi suis-je envahi par le stress à l'idée même de rencontrer mon responsable ? Pourquoi y a-t-il tant de conflits dans mon équipe ? Pourquoi ma proche collaboratrice a-t-elle fait un burn-out ? Pourquoi l'idée de clôturer les comptes de fin d'année me met-elle la boule au ventre ? Quel est mon rôle de papa

ou de maman, de fils ou de fille, de conjoint ou de conjointe ? Comment trouver ma place et me mettre des limites sans me trahir ?

Toutes ces questions peuvent avoir une place dans notre quotidien.

Quel est l'intérêt de travailler sur la définition de ses objectifs ?

Préciser ses objectifs permet de se préparer à l'action sur les plans rationnel et émotionnel.

L'expression de nos objectifs clarifie et nourrit la confiance, l'estime. Nous renforçons l'énergie qui nous donne les moyens d'atteindre le but que nous souhaitons.
L'attitude ainsi adoptée confère le pouvoir de s'affirmer comme acteur de sa vie. C'est aussi une question d'image de soi de s'autoriser à prendre sa place, à jouer son rôle dans sa propre destinée.
Avoir son but en ligne de mire permet de mieux gérer son énergie.
Je vous invite à réfléchir sur l'énergie que nous perdons parfois jusqu'à en être épuisés parce que nous ne savons pas ce que nous cherchons.

Je suis en contact avec des coachés qui me font part de leur désarroi, qui disent se sentir perdus et qui, à la question de savoir ce qui leur ferait plaisir dans la vie, répondent par un regard porté vers le ciel et le silence.

Le flexi-terrestre ajuste continuellement ses objectifs. Quels sont vos objectifs du moment ? En quoi sont-ils clairs pour vous ? Sont-ils actualisés ?

Qu'aimeriez-vous écrire à ce sujet ?

LES BALISES POUR PRÉCISER SON OBJECTIF

La démarche invite à l'ouverture la plus large. Quels sont vos rêves ? Que souhaitez-vous devenir ? Cette entrée en matière permet souvent de travailler au niveau du ressenti, de sortir des ornières de la pensée automatique, répétitive, enfermante pour plonger dans l'imaginaire, la créativité.

S'autoriser à rêver

Dans un premier temps, il est utile de définir des buts qui apportent un sentiment de plénitude, du plaisir en veillant à ce que ces pistes soient personnelles et ne correspondent pas seulement à des modèles que nous croyons être les nôtres. Est-ce bien ce que je veux pour moi ? Au niveau de mon épanouissement, dans mes relations avec autrui, dans l'évolution de ma carrière, de mes cibles financières (et évoquer à quel but concret servira cet argent), au niveau de mon bien-être physique. Il s'agit de définir le méta-objectif. Ce fil rouge de l'ensemble de la démarche porte un regard global sur le chemin. L'étape suivante consiste à formuler des « sous-objectifs » sur des aspects plus ponctuels ou plus précis. Un objectif n'est pas figé. Il peut évoluer. Nos rencontres, nos nouveaux apprentissages apportent de nouvelles informations qui font évoluer notre regard sur nos projets. Car la vie est mouvement.

Quels sont les points auxquels il faut prêter attention dans la fixation d'un objectif ?

Un objectif est **spécifique**

La satisfaction vient lorsque les résultats sont atteints. Le plaisir est lié au constat des changements.
« Travailler mieux » se traduit par la mise en place d'une nouvelle organisation qui permettra de limiter mes prestations par jour.
« Améliorer mon quotidien » s'exprime par la libération d'une heure de travail chaque jour pour la consacrer à un loisir ou au sport.
« Me sentir mieux » c'est me décider à marcher une heure au moins trois fois par semaine.
« Avoir une meilleure communication » se réalise avec la fixation de deux rendez-vous

par semaine pour communiquer avec mes collaborateurs, mes enfants ou ma compagne.

« Donner plus de sens à ma vie » se transforme en une démarche hebdomadaire réservée à des lectures ou des rencontres à but philosophique. Plutôt que me donner comme but d'être un parent plus aimant, c'est décider de prendre plus de temps chaque semaine avec mes enfants pour un moment de dialogue si cela les intéresse...

Les déclarations d'intention qui ne rencontrent pas des buts précis augmentent la frustration. Passer de l'abstrait au concret offre la satisfaction de voir que l'on atteint le but souhaité.

Un objectif est **mesurable**

Après avoir défini un objectif concret, il s'agit de préciser ce qui doit être réalisé pour que j'éprouve une satisfaction de sa réalisation. Quand saurai-je que j'ai atteint cet objectif ? Qu'est-ce qui me permettra de dire que l'objectif est rencontré ?

C'est l'indicateur d'atteinte de l'objectif. Parfois, l'objectif porte sur des éléments peu tangibles. Se sentir mieux, par exemple. C'est alors possible de créer ses propres échelles de mesure. Par exemple, on dira comment on se sent sur une échelle de 0 à 10 ou encore on se demandera où on voudrait arriver.

Un objectif est **accessible**

Le but qui est défini est en votre pouvoir. Je dois avoir le pouvoir d'atteindre le but que je me suis fixé.

Tracer les lignes entre sa zone de pouvoir, sa zone d'influence et sa zone de préoccupation est une étape importante. Où puis-je agir? Où puis-je avoir une influence? Qu'est-ce qui m'occupe l'esprit et où ne puis-je rien?

C'est une belle préparation à l'échec que de se fixer des objectifs qui dépendent des autres.

Un de mes coachés me confie qu'il se sentira mieux le jour où l'entreprise qui l'emploie aura compris qu'elle doit changer de stratégie. Les faits lui donneront peut-être raison. Il est toutefois impensable d'en laisser dépendre son bien-être.

Atteindre mon but est aussi lié à mes compétences acquises ou à acquérir, mes capacités physiques, ...

Il est aussi utile de distinguer le souhaitable du possible sans résignation.

Un objectif est **réaliste**

Le dicton populaire nous rappelle que : « Qui trop embrasse, mal étreint. » Les buts ont du sens à partir du moment où ils sont « atteignables ». Votre histoire de vie, votre formation, votre culture entrent aussi en ligne de compte. Ce qui est possible pour un individu ne l'est pas nécessairement pour un autre.

> *« Le temps n'épargne pas ce qu'on a fait sans lui. »*
> François Fayolle

Un objectif est **temporel**

La définition des délais pour atteindre les résultats permet d'inscrire ceux-ci dans le quotidien. Quel est le temps/budget que je décide de consacrer à cette évolution ? Il importe d'être clairvoyant. Les choses peuvent prendre plus de temps que ce qu'on a imaginé. Votre temps vous appartient ; c'est un beau cadeau que vous pouvez vous faire de l'utiliser à votre guise car si vous n'en prenez pas soin, le système qui vous entoure l'utilisera pour vous.

FAIRE DU TEMPS UN AMI

J'ai un tempérament à me sentir bien quand les choses avancent vite. J'ai longtemps considéré cela comme une telle évidence que je ne concevais pas qu'il puisse en être autrement. Avec le recul, je me rends compte à quel point j'ai pu blesser des personnes qui se construisent dans une approche plus lente, plus réfléchie.

J'ai le souvenir d'un de mes coachés qui, dès le début de la séance, m'avait précisé son souci d'avancer rapidement ; il aimait les défis, le mouvement ; ne sachant pas rester en place, il adorait le VTT et le trail. Quand je lui ai dit que nous n'avions pas tous la même approche du temps, j'ai vu qu'il était très touché. Il m'a dit : « Je comprends maintenant les problèmes que rencontre mon couple car ma compagne me dit toujours que je ne prends pas de temps pour nous. »

Lors de ma formation de coaching, il a été question de « l'agenda du coaché ». Cela m'a semblé très abstrait au départ... Que signifiait exactement « accompagner au rythme de l'autre ? »

> « *On ne pousse pas une rivière qui coule...* »
>
> Anonyme.

Quand Je regarde ma propre histoire à l'aune de cette réflexion, je mesure davantage encore sa pertinence. Car, chaque fois que j'ai trop forcé, provoqué des accélérations, brûlé les étapes ou brusqué les choses, c'est moi qui me suis brûlé. Et j'ai eu besoin de temps pour soigner mes brûlures.

Aujourd'hui, j'ai adopté la juste vitesse pour moi et clarifié mes demandes vis-à-vis de mon entourage. Cela donne finalement une puissance d'action beaucoup plus importante.

Quand j'aborde la question de la gestion du temps, je ne parle plus des trucs et astuces qui permettent d'en faire plus en moins de temps. Il est utile de savoir fixer ses priorités, d'établir une liste des choses à faire, de connaître ses tâches fixes et variables et de prévoir du temps pour les imprévus.

Pourtant, l'essentiel n'est pas là... Le plus intéressant est de réfléchir à notre relation au temps. Comment le vivons nous ? Quelles sont nos zones de confort ? Quels sont les moments de souffrance ? Quel est notre rythme ? Qu'est-ce qui est le plus juste ?

Cette approche personnelle du temps a une implication sur la façon dont nous pouvons contribuer au système dans lequel nous vivons.

Le confort me semble le seul motif acceptable... à long terme.

Laisser du temps au temps.

Des personnes connaissent un licenciement. Elles arrivent en coaching et ont hâte de trouver un nouvel emploi – ce qui est bien compréhensible. Toutefois, elles n'ont pas encore pris le temps de tirer les leçons de ce licenciement; elles sont dans la colère, la peur ou la tristesse. Leur nouveau projet n'est pas encore mûr. Il est difficile dans cet esprit de se montrer convaincant dans un entretien d'embauche. Quand le temps de la réflexion a fait son œuvre, ces personnes se retrouvent souvent avec plusieurs propositions de job. Elles considèrent souvent que la situation économique a changé. En fait, ce sont elles qui se sont remises en phase. Même si ce sont des étapes déstabilisantes et peu agréables à vivre, les évolutions qu'elles permettent sont étonnantes. Il n'est pas rare que j'entende : « Ce licenciement est la meilleure chose qui me soit arrivée. »

> *« Le temps est le bien le plus rare parce que c'est le seul bien qu'on ne puisse ni produire, ni donner, ni échanger, ni vendre. »*
> Jacques Attali

Peut-être que, comme moi, la première chose que vous faites en vous levant le matin, est de regarder l'heure. Savez-vous que l'horloge mécanique date du 18ème siècle? Dès le 6ème siècle de notre ère, les bénédictins avaient créé des routines sur le modèle de celles qu'ont créées des entreprises d'aujourd'hui!
Jour et nuit grâce à des horloges rudimentaires, ils sonnaient à intervalles réguliers pour s'entraîner à rythmer leurs tâches.

Benjamin Franklin a marié rentabilité et vitesse : « Le temps, c'est de l'argent ».

Nous vivons dans une époque du 7 jours sur 7, du 24 heures/24. Les formations sur la gestion du temps proposent souvent de faire plus en moins de temps.

Nous avons évolué rapidement en peu de temps. De nouvelles possibilités apparaissent pour nous reconnecter à l'instant, retrouver le goût du silence, avancer à pas d'homme, remettre le mouvement au service de la vie. La « slow attitude », la pleine conscience sont des outils qui y contribuent… Des idées nouvelles émergent sur le luxe que constituent l'inaction et la paresse. La justesse serait-elle en train de gagner du terrain ? La reconnexion deviendrait-elle un nouvel art de vivre ?

Le temps nous est compté.

Vivons-le dans la conscience de l'instant, dans la justesse et l'essentiel.

FORMULER UNE VISION ET FIXER LE CADRE

L'alignement et l'écologie personnelle contribuent à nous mettre sur le chemin du bonheur et du plaisir d'être là.

Parmi les supports de la réflexion, je peux aussi définir une vision de ce que je suis en train de devenir. Je peux faire ce travail sur le plan individuel ou au niveau d'un projet, d'une entreprise.

Il s'agit de formuler la version idéalisée de ce vers quoi je vais.

Quelle personne ai-je envie de devenir ? Cet idéal atteint, comment pourrais-je me sentir ? Comment se dérouleraient mes journées, mes semaines ? Quelles personnes voudrais-je rencontrer ? Quels types de jobs pourrais-je faire ?

Dans une entreprise, par exemple, on s'interrogera aussi en termes de projets. Quelles sont les raisons qui nous conduisent à faire tel ou tel métier? Quelle entreprise allons-nous devenir, pour quels clients avec quelles promesses?

C'est utile parfois de faire l'exercice d'écrire en quelques lignes cette vision de ce que je suis en train de devenir. Cela permet de formuler mes attentes et le projet dans lequel elles peuvent s'inscrire... Dans le cadre d'une entreprise, cela permet d'esquisser les lignes d'évolution en termes de carrières, par exemple.

Le cadre contient l'idée des règles du jeu. Il s'agit de déterminer la façon dont nous voulons « fonctionner ». Quelles sont les limites que nous plaçons à notre engagement? Jusqu'où pouvons-nous aller? Quelles sont les attitudes que nous adoptons et dans quelles situations? Quelles sont les modes de fonctionnement qui ne sont pas négociables pour nous? Cela peut aller de la relation au temps à la façon dont on va gérer l'espace, la façon d'aborder le dialogue ou de régler les conflits.

Il m'arrive de rencontrer en coaching des personnes qui n'ont pas posé cette question des règles du jeu… Plus interpellant, elles ont parfois considéré que leurs évidences devaient être celles de leurs interlocuteurs sans autres précisions. Cela peut donner des situations très stressantes car chacun a pris des habitudes avec la ferme intention de bien faire… Et quand il s'agit de revenir sur des situations considérées comme acquises, les discussions sont parfois bien compliquées.

Bien cadrer les relations permet de les recadrer et offrir alors un meilleur confort de vie.

ECOLOGIE PERSONNELLE : PRENDRE SOIN DE SOI

« S'aimer soi-même, c'est l'assurance d'une longue histoire d'amour. »
Oscar Wilde

L'écologie peut être définie comme la science ayant pour objet les relations des êtres vivants avec leur environnement, ainsi qu'avec les autres êtres vivants.

J'y inclus les relations avec soi-même.

Certaines tendances du « développement personnel » conduisent à une forme de nombrilisme qui m'agace profondément. Le « Je fais ce qui me plaît quand cela me plaît » ne me semble pas une posture tenable. Je suis heureux et heureux avec les autres si les interactions sont solides, quotidiennes et puissantes. Car comment bien aller dans un univers en souffrance ?

Dans le même temps, c'est notre travail de trouver notre place et de la prendre toute entière dans notre univers. La réflexion porte sur la définition des valeurs et des croyances qui nous animent et sur la démarche qui nous permettra de les rencontrer dans le quotidien.

Qu'est-ce qui est bon pour moi ? Qu'est-ce qui est juste ? Qu'est-ce qui donne du sens et me conduit à me sentir, nourri, léger, joyeux ?

Une posture de bienveillance se construit sur cette capacité à se souhaiter et à souhaiter aux autres le bonheur, à créer notre vie sur mesure. Ce choix-là m'appartient : je suis la personne la plus habilitée à savoir ce qui est bien et bon pour moi et, partant, je peux aussi veiller au bien-être des gens qui m'entourent.

Je choisis l'histoire que je vais me raconter et j'en suis responsable. Comme je ne sais pas toujours ce qui est possible ou pas, j'agis donc comme si tout était possible. L'écologie personnelle demande de lâcher ses certitudes pour s'ouvrir à la connaissance et à la découverte.
L'écologie personnelle m'invite à de belles et

vivifiantes inspirations. Quels sont mes rêves ? Quel est le monde dans lequel je souhaite vivre et auquel je veux contribuer ?

En veillant à ma sécurité et à celle du monde qui m'entoure, je m'ouvre à l'expérimentation, à sentir mon intuition, à parcourir tous ces chemins qui vont de la tête au cœur.

Cette réflexion nous conduit à prendre soin de l'énergie vitale qui est en nous. Comment prendre soin de cette part du réel que nous incarnons. Je suis responsable de l'énergie qui est en moi. Comment ai-je envie de la nourrir ? Mon état d'esprit, mes intentions vont aussi informer le monde dans lequel je vis : par mes attitudes, je suis co-responsable de l'écologie globale.

Je peux avoir peur de l'inconnu et que cet inconnu puisse être moi-même... Je pars à la découverte de qui je suis... Pas-à-pas, avec bienveillance, j'en accueille toutes les parts en ce compris toutes mes peurs du rejet, de l'abandon, de ne pas être aimé... Elles peuvent devenir des ressources, de formidables réserves d'énergie pour nourrir la vie en moi. Accueillir ce qui est là, vivant, me met sur le chemin du bonheur.

C'est l'idée de réussite qui crée la peur de l'échec... Le rôle des croyances est impressionnant... Elles me conduisent à être victime de moi-même, à reproduire les mêmes stratégies pour arriver au même résultat. L'auto-sabotage est fréquent... Je peux pourtant effacer le programme erroné pour créer de nouvelles situations. Je peux agir pour que cela change, modifier mes habitudes pour que change ma vie.

Rester dans les mêmes ornières peut me conduire à une attitude de victimisation ; « C'est la faute à pas de chance », « Je ne suis pas à la hauteur », « Je suis redevable », « La vie est compliquée », « Il faut souffrir pour être belle ». Quelle est mon intention quand j'adopte ce type de comportements ? Quelles sont mes attentes et quelles chances ai-je d'y trouver une réponse ?

La connaissance de l'intention est fondamentale. Ai-je envie d'aller bien ?

L'imagination est la bienvenue sur ce chemin. Sortir du cadre, trouver de nouvelles voies, s'ouvrir au plaisir. Notre nature profonde est d'aller bien. C'est la vibration de la joie qui crée la vie mais notre mental et ce qui l'encombre compliquent les choses.

Par quoi puis-je commencer pour me mettre en chemin... de suffisamment modeste pour pouvoir le réaliser et suffisamment grand pour évoluer ?

Et lâcher-prise. Placer mon énergie de la façon la plus juste possible et être capable d'abandonner quand je sens que je ne suis pas à ma place.

LE TEMPS DE PRENDRE SOIN DE SOI

Ces quelques considérations sur les enjeux liés à l'écologie personnelle conduisent à une réflexion sur le « prendre soin de soi »…

> « L'important n'est pas ce qu'on a fait de nous,
> mais ce que nous faisons
> avec ce que l'on a fait de nous. »
>
> J.P. Sartre

Comment est-ce que moi, finalement, je vis la relation à moi-même et au monde qui m'entoure ? Comment puis-je trouver une forme d'équilibre en lien avec mes valeurs et ce qui me tient à cœur ? Comment être en bonne forme physique et vivre conscient de ce que les autres et la nature m'apportent ?

J'aime l'expression « prendre soin de soi ». Une évidence ? Pas si sûr !
Quand j'utilise cette phrase dans un entretien de coaching, je suis souvent face à un étonne-

ment. Cette question n'est pas nécessairement évidente à se poser alors que nous ne sommes pas tout-à-fait au point avec nos réelles motivations et nos valeurs ni avec la définition de prendre soin de soi.

Quel temps nous consacrons-nous ?

Nous sommes notre principal compagnon dans la vie. C'est avec nous que nous faisons le chemin. Quel temps prenons-nous pour entrer en connexion avec nous-mêmes ? Parfois, au hasard d'une situation particulière, nous pouvons nous juger : « T'as été super sur ce projet », ou encore, « Quel con tu as encore été ! ». Pas toujours indulgents les jugements que nous portons sur nous-mêmes !
Quelle place réservons-nous à notre sens du réel ?

Souvent, nous existons presqu'exclusivement grâce aux liens que nous avons au monde et pas vraiment grâce au lien que nous entretenons avec nous-mêmes... Que l'on s'entende bien !
L'idée n'est pas de se renfermer dans le narcissisme mais plutôt de trouver notre juste place. Etre bienveillant avec soi ouvre la porte

à la bienveillance à l'autre. Car comment pourrais-je prendre correctement soin des autres si je ne prends pas bien soin de moi ?

Nous portons en nous tous les messages qui nous ancrent dans un temps et un espace : messages génétiques pour commencer mais aussi ceux de toutes celles et tous ceux qui nous ont accompagnés, portés, soutenus, aimés et parfois même combattus.

Prendre le temps de mesurer l'immensité de la vie en soi a de quoi donner le vertige. Se donner un temps pour rencontrer les personnes qui nous ont laissé une information, fait partager des situations et des ressentis qui sont toujours en nous: elles font partie de nous. Il a parfois suffi d'un regard, d'une phrase, d'une rencontre pour que se prennent une décision essentielle, une orientation d'études, un choix personnel ou professionnel.

Nous finissons pourtant par nous retrouver seuls avec tout cela. Quelle place laissons-nous pour mettre de l'ordre dans l'immense richesse de notre vécu, dans la force de nos ressentis

pour goûter simplement au plaisir d'être là ?
Cessons de nous raidir face à la vie pour comprendre ce qu'elle nous apporte même si cela passe parfois par des moments déstabilisants, déroutants ou douloureux.

Nos idées ont besoin, comme une maison au printemps, d'un moment de rangement énergique, de tri, de remise en place.

Petit récit de vie

Léa, maman en liberté.

Léa est une jeune maman de trois enfants. A la voir mince, fragile, féminine, on l'imagine menant une existence assez classique, s'occupant calmement au foyer après son travail mais il n'en est rien car la jeune femme s'adonne tous les week-end à des sports extrêmes : elle adore la chute libre. Cette façon de faire peut interpeller. D'une part on peut s'attendre à un profil différent pour ce type d'activité et d'autre part on peut s'offusquer du risque qu'elle prend alors qu'elle est maman.
Mais quand on la rencontre, les préjugés s'envolent. Léa est une femme posée, qui affiche un sourire de bien-être; elle répond avec beaucoup de justesse et de précision aux questions sur sa passion. En devenant mère, Léa n'a cessé de s'interroger sur ce qui la connectait à elle-même. La chute libre représente pour elle un moyen d'introspection, de dépassement de soi. Là où d'autres choisiraient le yoga, elle opte pour un sport extrême mais les gestes de précision qu'elle pose lors de ces sorties lui assurent une sécurité: elle ne craint pas la chute ou parvient à dépasser son sentiment de peur et se sent hors de danger et libre. En l'occurrence, en cette circonstance, elle vole!

Grâce à cette activité, libre comme un oiseau quand elle rentre à la maison, elle donne le meilleur d'elle-même en étant mère à part entière et épanouie.

SE CONNECTER À LA VRAIE VIE

> *« Aussi étroit soit le chemin,*
> *Nombreux les châtiments infâmes.*
> *Je suis le maître de mon destin,*
> *Le capitaine de mon âme. »*
> — Ernest Henley

Le travail quotidien prend parfois toute la place : un boulot, une famille, des amis, un réseau, un lieu de vie avec tout ce que cela implique de travail, de démarches, d'entretien, de tâches matérielles et administratives. Les gens qui me sont chers vont-ils y trouver leur place et les enfants réussir leur parcours scolaire ?

J'ai l'immense chance d'être non seulement papa mais aussi grand-père. C'est un projet de vie que j'ai l'impression d'avoir toujours porté en moi. Ce n'est évidemment pas la seule voie de bonheur… Les formules sont plurielles et toutes sont porteuses de sens. L'essentiel est sans doute le plaisir que nous pouvons éprouver à accompagner la vie quelle que soit la formule que nous avons choisie : chérir un animal, prendre soin de ses fleurs, transmettre un savoir, adopter des attitudes cordiales et stimulantes et mille autres façons d'être qui sont autant de manières d'en prendre soin.

J'ai adoré devenir grand-père. J'accueille libre et très serein ce nouveau statut car je suis moins coincé dans cette partie de la vie où les questions matérielles, la recherche de ma place dans l'économie et la société occupaient beaucoup mon temps et dévoraient mon énergie. Même si ces questions sont encore d'actualité, je les vis différemment maintenant. Elles sont encore importantes mais elles n'occupent plus la même place.

Je suis ému quand me revient le souvenir des moments de tendresse intense partagés avec la maman de mes enfants quand nous avons vu notre fille porter son premier enfant. Quelle joie de prendre ce bébé dans les bras !

J'aime plaisanter avec celles et ceux qui deviennent parents en leur disant que c'est une condamnation à vie : c'est à la fois le plus beau, le plus exigeant et le plus déstabilisant cadeau de la vie car il n'y a pas de recette toute faite pour devenir et être parents. C'est sans doute ce qui rend cette « fonction » si dense et si vivante...

Cette vie quotidienne prend tant de place.

Sur le plan économique aussi se posent des questions : « Que vont devenir les jobs d'aujourd'hui ? » Certains disent que 50% de ceux-ci auront disparu à l'horizon de 10 ans et seront sans doute remplacés par de nouvelles professions. Mais lesquelles ?

Toutes ces questions sont évidemment importantes mais ce n'est pas ici mon propos.
Le perspectiviste, Jérémy Rifkin annonce une économie d'un type nouveau où la valeur d'usage prendra le pas sur la propriété, la durée sur le consumérisme, la coopération sur la concurrence. Il en voit les signes dans le développement de l'auto-partage, le crowfunding, le couchsurfing et dans l'apparition de producteurs d'énergie verte. Ce développement repose notamment sur les réseaux sociaux et l'internet.

De nombreux propos soulignent que notre ère de surconsommation a atteint ses limites. Les courants de pensée nouveaux imaginent le monde de demain. La raison nous met en demeure d'établir le constat que le système nous échappe.
C'est sans doute la multiplication de nouveaux comportements individuels qui sera le ferment d'un mode de vie nouveau.

Mais il est aussi intéressant d'offrir et de s'offrir un confort matériel qui permet le bien-être quotidien : une école performante, des soins de santé accessibles, un climat qui sécurise...

Nous vivons dans un espace et une époque. Nous existons aussi par cela. A chacun d'imaginer comment il peut contribuer à ce système et comment il peut le faire évoluer de l'intérieur en sachant que cette évolution ne demande pas de comportements héroïques mais simplement des ajustements de nos attitudes. Chaque jour par l'adaptation de nos façons de vivre le quotidien, nous pouvons être les acteurs de ces changements dans le monde.

Les idées nouvelles ont souvent besoin de précurseurs perçus comme excessifs pour obtenir d'être acceptées.

Les premiers écologistes ont souvent été considérés comme de doux rêveurs susceptibles de mettre des bâtons dans les roues du progrès. A une certaine époque plus une cheminée d'usine fumait et polluait, plus l'entreprise apparaissait prospère.

On sent naître une énergie nouvelle faite d'un mélange d'amour, de bienveillance, de tolérance et de justesse. C'est d'ailleurs intéressant de découvrir la production littéraire relative au bien-être tant sur internet que dans les librairies.

Certaines idées novatrices disparaîtront aussi si elles ne répondent pas aux besoins du vivant. Restera alors la façon dont les citoyens relaieront les nouvelles attitudes dans leur quotidien.

DE SOI À L'AUTRE

L'attitude du flexi-terrestre repose sur l'idée de donner du sens à ses choix dans sa vie privée, professionnelle et affective. Quelles sont les raisons qui font que certaines situations vont contribuer à donner plus de vitalité à sa vie et pourquoi d'autres sont-elles porteuses de stress, de tensions qui vont engendrer une moindre qualité de vie ?

Il peut arriver que nous nous installions dans un système qui est soit porteur soit toxique pour nous sans que nous puissions en comprendre les raisons tout de suite...

Nous avons parcouru différentes façons d'aborder ce que nous vivons : la conscience de nos représentations et de nos valeurs, le rôle de nos croyances, la gestion de nos émotions.

Cette mise au point personnelle, ce chemin vers soi, cette découverte de ce qui nous met en vie est préalable à toute construction de relation.

Aller de soi à l'autre demande cette connaissance de nos attentes dans la relation. Construire une relation implique d'en connaître et les enjeux et les attentes réciproques. L'harmonie est liée à la connaissance la plus juste possible de ses propres attentes et des attentes de l'autre. Le conflit n'est rien d'autre qu'un déficit dans nos attentes : c'est lui qui nous conduit vers la colère et le jugement.

Si j'agonis d'injures une personne, je dois simplement comprendre que cette personne ne répond pas à ce que j'attends d'elle. A contrario, des compliments font seulement état du fait que mon partenaire apporte des réponses positives à mes besoins.

La création d'une relation à l'autre est liée à l'attente de réponses à certains de nos besoins. Comme nous l'avons vu dans ce travail, nous ne sommes pas toujours en mesure de clarifier ceux-ci à nos propres yeux et moins encore dans la relation.

Dans mes séances de coaching, je rencontre des personnes qui peuvent nourrir de profondes colères à l'égard d'autres personnes. Cela peut gâcher des vies ou des vies d'équipe... Elles peuvent alors poser des jugements définitifs mais elles ne peuvent expliquer ce qu'elles voudraient trouver dans la relation ni à quels besoins répondent ces jugements.

La construction d'une relation satisfaisante repose donc sur la clarification à mes propres yeux d'abord puis à ceux de l'autre ensuite, de mes demandes et des comportements qui peuvent les satisfaire.

Une relation peut aussi trouver son équilibre de façon spontanée. Les partenaires trouvent alors un confort émotionnel au travers d'un ensemble d'attitudes. Prendre du temps pour parler correspond à des besoins de partage et de complicité ; les longues marches en forêt répondent à des besoins d'air, de calme et de sérénité. La sortie en célibataire avec les amis ou les amies offrent une part d'indépendance.
Si cette spontanéité est systématique, chaque partenaire peut alors s'épanouir.

Si l'inconfort d'un ou des deux partenaires s'installe, il est possible de cerner les enjeux en termes de demandes : qu'est-ce qui engendre cet inconfort ? Quels sont les ressentis ? Quelles sont les demandes qui sont présentes en termes de besoins non rencontrés et les attentes en termes d'attitudes.

Imaginons un couple où l'un est casanier et l'autre toujours demandeur de sorties. Cela peut devenir pour l'un la demande de calme et de paix et pour l'autre un souhait de légèreté et de lien social. Poser la relations de cette façon permet d'en éclairer les enjeux réels. On ne se pose plus la question entre rester à la maison ou sortir au restaurant mais en valeurs rencontrées ou non.

Il arrive que des relations s'égarent dans les plans d'actions et les stratégies. C'est-à-dire que l'on ne sort pas de la demande de comportements pour aller vers le sens qu'on lui prête.

Quand on aborde les questions de conflits, certaines personnes considèrent la réciprocité comme une valeur. Cela n'est pas pertinent.

Quand je pose un acte dans une relation, il correspond à un de mes besoins. Si je souhaite obtenir un retour, il est essentiel de le préciser car l'autre ne peut pas deviner ce qui dicte mon attitude. Si, par exemple, je prends soin de l'autre avec l'objectif qu'il fasse de même avec moi, il est essentiel de le préciser à mon partenaire. Sinon, la relation risque de devenir rapidement toxique. En fait, dans ce cas, j'instrumentalise l'autre pour répondre à mes propres besoins.

La relation demande aussi que l'on puisse comprendre que le partenaire ne réponde pas à certains de nos besoins soit parce qu'il ne le souhaite pas au moment où nous le souhaitons soit parce que ce que nous attendons ne lui correspond pas.

En d'autres termes, je ne peux pas attendre de l'autre ce qu'il ne veut ou ne peut pas m'offrir. Il est bon de respecter cette écologie dans la relation faute de quoi celle-ci s'installe dans l'exigence.

> *« Rencontrer quelqu'un, le rencontrer vraiment –*
> *et non simplement bavarder comme si personne*
> *ne devait mourir un jour –, est une chose*
> *infiniment rare. La substance inaltérable de*
> *l'amour est l'intelligence partagée de la vie. »*
>
> Christian Bobin

Dans mes formations, j'aime ouvrir une réflexion sur la différence que l'on peut établir entre besoin et dépendance : je suis obligé de trouver des réponses à mes besoins. Si je rends le monde responsable de mon mal-être, je m'installe alors dans une situation de dépendance par rapport au milieu dans lequel je vis. C'est une source de tensions tant sur le plan individuel que sur celui de mes relations aux autres. L'« hygiène de conscience » repose sur la formulation de ce qui est en jeu. Formuler un besoin est nécessaire pour sortir de la dépendance afin de fluidifier, de clarifier ma relation à l'autre.

Je peux exister en partie au regard des autres pour trouver des réponses à certaines de mes attentes comme la reconnaissance, par exemple. Je vais donc adopter des attitudes dont l'objectif est de trouver des réponses qui auront pour objectif de satisfaire ce besoin. C'est important de prendre conscience de ce mécanisme car je demande alors au monde de combler mon vide. Vivre en fonction des autres et renoncer à ce que je suis est le chemin le plus sûr pour créer une crise.

Je peux ainsi m'installer, de façon inconsciente, dans une situation de dépendance à l'autre. Je compte sur son regard pour nourrir la confiance, l'estime, la reconnaissance, l'amour. Ainsi, j'instrumentalise la relation : elle nourrit mes propres attentes. Prendre conscience de celles-ci clarifie la demande que je peux alors formuler à mon interlocuteur.

La démarche d'écologie personnelle permet de construire une forme d'autonomie dans la réponse à mes besoins. Comment, en effet, demander à l'autre de me faire confiance si je n'ai pas construit cette confiance en moi ? il en va de même de l'estime, de la reconnaissance, de l'amour et sans doute de la plupart des autres besoins.

Formuler des demandes sur ses besoins permet donc de sortir d'une forme de dépendance.

Cette définition des enjeux vaut aussi pour ce qu'autrui me propose.

Si un de mes proches me dit « Tu ne vas pas y arriver » ou « Tu as tout ce qu'il faut pour y arriver », je peux chercher à comprendre la demande sous-jacente à ce type de propos. Quelle est l'attente de la personne qui me dit cela ? Quelles sont ses projections ? Je me dissocie alors de ce discours pour comprendre ce qui est en jeu pour moi, pour faire ma propre expérience et, peut-être, devenir ainsi inspirant pour l'autre.

La relation du flexi-terrestre se construit sur l'invitation, la demande et l'écoute... Elle permet aux partenaires de définir leurs attentes, leurs espoirs, leurs limites aussi... c'est-à-dire de prendre leur place dans la relation de la façon la plus juste. Elle peut accueillir un « oui » aussi bien qu'un « non », s'ajuster, évoluer et ainsi remettre en question les systèmes installés.

L'ALIGNEMENT DU FLEXI-TERRESTRE

VISION
La formulation idéale de la Vie que je veux nourrir
⬆
CADRE
La fixation des règles du jeu, des limites,
des modes de fonctionnement
⬆
OBJECTIF
L'expression spécifique et mesurable
de ce que je souhaite atteindre
⬆
CROYANCES ET JUGEMENTS
Le prisme que je pose sur le réel
à partir de mes expériences
⬆
FAITS
Le récit de l'observable, de ce qui s'est passé
⬆
EMOTIONS
La vibration que j'ai ressentie au moment d'un fait
⬆
VALEURS
Le socle de la motivation,
ce qui me met en mouvement
⬆
SOLLICITATION
La réponse que je souhaite obtenir à mes valeurs.
C'est ma demande à mon entourage
et à mon environnement

CONCLUSIONS : POUR L'INSTANT

Le flexi-terrestre en a marre d'en avoir marre. Il a désormais envie d'avoir envie.

Nous vivons une époque formidable. Nous disposons d'un immense espace de liberté et de créativité. Il est possible, une nouvelle fois, de tout réinventer.

Nous pouvons imaginer notre parcours individuel et nous donner l'autorisation de prendre soin de nous. Les propositions sont nombreuses : de l'alimentation équilibrée, respectueuse du vivant à la culture qui se trouve à portée de clics sur nos ordinateurs, de la randonnée en forêt à la méditation ou à la pleine conscience. En nous rapprochant de nous-mêmes, en travaillant à examiner au plus près ce qui est bon et beau pour nous, nous pouvons nous ouvrir à une relation basée sur une écoute dont les limites ont été tracées de commun accord. En nous alignant sur nos valeurs, en exprimant nos émotions, nous offrons à la communication un espace de liberté et de vie. Le développement personnel a du sens s'il s'inscrit dans une perspective collective. Si nous existons par nous-mêmes, nous existons aussi grâce au monde vivant auquel nous contribuons et dont nous dépendons.

Maintenant, nous pouvons créer nos parcours professionnels. Les départements qui s'occupent des carrières s'appellent désormais « gestion de talents » et/ou « bien-être ». Ce n'est pas qu'un simple glissement sémantique. Sans doute cela prendra-t-il du temps. Toutefois, le chemin semble balisé pour des carrières personnalisées qui prendront en compte les valeurs et les aspirations de chacun.

Associer travail et plaisir est une garantie de motivations basées sur les choix de chacun. L'idée d'entreprise libérée invite à la responsabilité, au partage de la décision. Le bien-être au travail prend peu à peu sa place dans des espaces réinventés. Les esprits chagrins y verront peut-être une nouvelle forme d'exploitation. Ce sera peut-être vrai dans certains cas. Personnellement, je préfère y voir une invitation à développer de nouvelles cultures d'entreprise où le pouvoir de décision sera partagé sur la base du choix plutôt que sous le joug de réglementation.

L'intelligence artificielle ouvre la perspective de réinventer complétement notre relation au travail. De très nombreux emplois actuels vont sans doute disparaître. Les prévisionnistes avancent des chiffres mais ceux-ci sont basés sur des hypothèses. Bien malin qui peut prendre aujourd'hui toute la mesure de ces changements. Au-delà des menaces, se profilent de nouveaux métiers qui nous feront grandir en intelligence. Le philosophe français Bernard Stiegler, qui axe sa réflexion sur les enjeux des mutations actuelles portées par le développement des technologies numériques, souligne le désespoir que fait naître l'émergence de ces nouveaux moyens parce qu'ils constituent des menaces pour chacun d'entre nous. Il insiste sur la nécessité de retrouver une écologie psychiatrique. Il propose d'augmenter la néguentropie chez les être humains en passant par l'intelligence au sens du 18ème siècle. C'est-à-dire en faisant en sorte que les humains vivent en bonne intelligence les uns avec les autres.

Nous pouvons aussi contribuer à construire notre propre spiritualité en cultivant la conscience que nous avons en nous quelque chose de grand qui nous dépasse : la vie, un dieu, l'énergie vitale, la force de l'univers, l'architecte de l'univers, peu importe les mots choisis puisqu'ils expriment un ressenti très intime. Je laisse à chacun le choix de son expression : je ne veux pas fournir ici du prêt-à-penser.

De sérieuses menaces sont aussi à considérer.

Certains systèmes que nous avons mis en place usent nos ressources naturelles de façon massive. Même si les avis divergent, c'est un truisme de dire qu'il est nécessaire et urgent de réinventer notre relation à la nature et au vivant en général. Les débats sur le climat peuvent faire l'objet de divergences dans lesquelles nous avons bien du mal à distinguer le vrai du faux mais le continent de plastique et l'extinction de certaines espèces sont des faits. La destruction de la planète entraînerait la disparition de l'humanité. Cela nous invite à la réflexion sur nos propres attitudes.

Les migrations et les questions qui y sont liées ouvrent une nouvelle fois le chantier de la rencontre entre les cultures et de ce qu'il appartient à l'humanité de partager. La pénalisation dans certains pays de l'aide à la migration est probablement un signe du besoin d'ordre et de sécurité. Identifier les attentes permet de les rencontrer en imaginant des façons originales de les vivre.

Si l'invitation à construire nos propres repères est une perspective heureuse, elle génère aussi des peurs. La perte des repères habituels porte aussi sa part d'inconfort. Les solutions simplistes peuvent être sécurisantes. Ainsi, des discours intolérants prônant le rejet, l'exclusion que l'on pouvait croire à jamais révolus réapparaissent dans une sorte d'indifférence qui a de quoi inquiéter. Il est inutile de jeter le discrédit sur ceux qui les portent et ceux qui y adhèrent. Mais il est essentiel de comprendre les besoins auxquels ils répondent.

Il est temps que la majorité bienveillante prenne la parole.

Je pense que l'action citoyenne n'est pas une utopie et qu'elle porte en elle les germes du monde dont nous rêvons.

Je pense que les changements dans les attitudes individuelles conduiront aux évolutions profondes de nos modes de vie. Une utilisation réinventée des réseaux sociaux peut être un formidable levier pour initier ces changements.

J'ai nourri cette réflexion au contact de tous ceux que j'ai rencontrés lors de coachings et de formations.

Pour prendre la parole, il faut choisir les moyens.

Ceux liés à la colère et à la peur qui blessent et tuent ou ceux liées au plaisir et à la joie qui donnent plus de vie à la vie.

Sans faiblesses, ni concessions, ni naïf, ni requin, je choisis la bienveillance qui permet de dire et de se dire avec justesse. Je choisis l'écoute et l'empathie qui permettent à la vie de se révéler dans ce qu'elle a de merveilleux.

C'est le chemin que je me suis tracé. Je le poursuivrai et en parlerai inlassablement tant il est porteur de joie de vivre. Je suis fidèle à l'esprit de l'enfance : spontanéité, candeur, bienveillance. Cette attitude nous dote du bon sens nécessaire pour vivre une vie heureuse.

Je souhaitais le partager avec vous.
J'aime contribuer à mettre des mots sur le sens.

Le bon sens nous invite à placer l'amour au cœur de notre quotidien.
Aimons donc, aimons infiniment.

C'est un choix de posture.
Dans un moment de complicité et d'émotion avec ma fille Laurence, nous l'avons appelé le « flexi-terrestre » !

Devenons donc des « flexi-terrestres », c'est tout ce que je nous souhaite...

Bibliographie

- Anne Ancelin Schützenberger, Le plaisir de vivre, 2009, Petite bibliothèque Payot
- Alain Bentolila, Le verbe contre la barbarie, 2008, Odile Jacob
- Beka Marko, Cosson, Le jour où le bus est reparti sans elle, 2016, Bamboo Edition
- Christiane Singer, Les âges de la vie, 1983, Albin Michel
- Christian Bobin, Geai, 1998, Gallimard
- Dr Carl Simonton, Stéphanie Matthews Simonton, James Creighton, Guérir envers et contre tout, 2007, Desclée de Brouwer
- Claude Sarraute, Encore un instant, 2017, Flammarion
- David Servan Schreiber, On peut se dire au revoir plusieurs fois, 2011, Robert Laffont
- Daniel Goleman, l'intelligence émotionnelle, Robert Laffont, 1997
- Eric Mortier, Connaître les moteurs qui nous propulsent dans la vie, 2017, Image publique éditions
- François Cheng, Cinq méditations sur la mort, 2013, Albin Michel
- Frédéric Lenoir, Lettre ouverte aux animaux (et à ceux qui les aiment), 2017 Fayard
- Fynn, Anna et Mister God, 1976, Seuil
- Jacques Attali, Devenir soi, 2014, Fayard
- Jean-Louis Servan Schreiber, Aimer (quand même) le 21 ème siècle, 2012, Albin Michel
- Jean-Louis Servan-Schreber, C'est la vie, 2015, Albin Michel

- Jean Giono, L'homme qui plantait des arbres, 1983, Gallimard
- Jean-Claude Guillebaud, Une autre vie est possible,2012, L'iconoclaste
- Jean-Claude Guillebaud, Je n'ai plus peur, 2013, L'iconoclaste
- Jean d'Ormesson, Guide des égarés, 2016, Gallimard
- Jérémy Rifkin, La nouvelle société du coût marginal zéro, 2014, Les liens qui libèrent
- Jérémy Rifkin, La troisième révolution industrielle, 2012, Les liens qui libèrent
- Jon Kabat-Zinn, Apaiser la douleur avec la méditation, 2016, Les arènes
- Grégory Bateson, La nature et la pensée, Paris, 1979,seuil
- Guy Corneau, Revivre, 2010, Les éditions de l'homme
- Laurence Monce, Ces arbres qui nous veulent du bien, 2018, Dunod
- Lytta Basset, Oser la bienveillance, 2014, Albin Michel
- Martial Ledecq, Itinéraire d'un chirurgien nomade, 2014, Weyrich édition
- Michel Giffard et Michal Moral, Coaching d'équipe, 2010, Armand Collin
- Matthieu Ricard, Plaidoyer pour les animaux, 2014 , Allary Editions
- Marie Balmary, Lytta Basset, Xavier Emmanuelli, Jean Vanier , La fragilité, faiblesse ou richesse, 2013, Albin Michel
- Paul Watzlawick, L'invention de la réalité, contribution au constructivisme, Paris, 1988, seuil

- Philippe Boulanger, Alain Cohen, Le trésor des paradoxes, 2007, Belin
- Richard Dawkins, Pour en finir avec Dieu, 2006, Robert Laffont
- Serge Tisseron, L'empathie au cœur du jeu social, 2010, Albin Michel
- Thierry Lévy, Nos têtes sont plus dures que les murs des prisons, 2006, Grasset
- Dr Viktor E. Frankl, Découvrir un sens à sa vie, 2006, Editions de l'Homme
- Vincent Message, Défaite des maîtres et possesseurs, 2016, Seuil

Article
- Entretien avec Bernard Stiegler, « l'innovation va rendre les gens fous », le Soir, mardi 31 mai 2016

© Image publique Editions, 2018
Dépôt légal: D/2018/13.422/4

ISBN: 978-2-39003-026-3

Tous droits de reproduction, d'adaptation ou de traduction, par quelque procédé que ce soit, réservés pour tous pays, sauf autorisation de l'éditeur ou de ses ayants droit.

Imprimé en Belgique

Diffusion : www.imagepublique-editions.net
Rue Claude de Humyn, 17
6600 Bastogne, Belgique
editeurs@imagepublique-editions.net